U0467540

国家出版基金项目
NATIONAL PUBLICATION FOUNDATION

ДУНЬХУАН

Чай Цзяньхун
Лю Цзиньбао

Содержание

Дуньхуан
— ценное культурное наследие всего человечества   007

I. Истоки названия «Дуньхуан»   013

1.1 Пути переселения тохаров   014
1.2 Легенда о горе Саньвэйшань и Сиванму   017
1.3 «О лошади из-под небес с западных пределов» ханьского У-ди   020

II. Социально-культурная среда Дуньхуана   023

2.1 Образование четырех округов, учреждение двух застав и военные приграничные поселения   024
2.2 Сельскохозяйственное производство общества переселенцев   028
2.3 Самое раннее собрание торговой организации   033
2.4 Храмы и школьное образование в Дуньхуане   036

III. Строительство пещер Могао   043

3.1 Сооружение пещер Могао   045
3.2 Функции пещер Могао   046
3.3 Форма пещер Могао   049

VI. Пещер Цанцзиндун комплекса Могао и рукописи Дуньхуана 053

4.1 Открытие пещеры Цанцзиндун и рукописи Дуньхуана 054
4.2 Религиозные рукописи, представленные в наибольшем количестве 057
4.3 Утраченный танский текст «Жалобы женщины [из земель] Цинь» и литературные документы 063
4.4 Различные юридические и экономические документы 067
4.5 Свитки с шаблонами писем 073
4.6 Географические описания и народные обычаи 075

V. Утрата сокровищ Дуньхуана 085

5.1 Противоречивая фигура монаха Ван Юаньлу 085
5.2 Один за другим появляются похитители сокровищ из-за рубежа 089
5.3 Возмутительное похищение реликвий, переживших бедствие 095
5.4 Коллекционирование разбросанных по миру реликвий Дуньхуана 097

VI. Фрески в пещерах Могао в Дуньхуане 099

6.1 Содержание фресок в пещерах Могао 102
6.2 Апсары Дуньхуана 112
6.3 Стиль фресок Дуньхуана 122

VII. Художественная лепка Дуньхуана   129

7.1 Виды скульптур Дуньхуана   130
7.2 Стиль скульптур Дуньхуана   134

VIII. Дуньхуан — в Китае, дуньхуановедение — в мире   141

8.1 Процесс развития дуньхуановедения в Китае   141
8.2 Международный характер дуньхуановедения   146

**Таблица организаций, хранящих коллекции
письменных памятников Дуньхуана   152**

Дуньхуан

— ценное культурное наследие всего человечества

Дуньхуан — город на западной оконечности коридора Хэси в китайской провинции Ганьсу. К северу от него расположено нагорье Бэйшань (пик — гора Мацзуншань), к югу — горная система Наньшань (хребет Циляньшань, пик — Туаньцзефэн). Высота обоих пиков, вершины которых круглый год покрыты снегом, — более пяти тысяч метров над уровнем моря. Также к северу от Дуньхуана расположены река Шулэхэ и несколько крупных естественных озер. Дуньхуан сформировался как оазис, образованный аллювием древней реки Дичжишуй (ныне Данхэ) и орошенный другими водными потоками. Оазис большей частью окружают пустыни, в том числе Гоби.

Дуньхуан находится в провинции Ганьсу, которая на востоке граничит провинцией Шэньси, на западе — с Синьцзян-Уйгурским автономным районом. Географическое положение придает Дуньхуану особую важность. Со времен правления ханьского императора У-ди (140–87 гг. до н. э.) Дуньхуан находился на важном транспортном пути, соединяющем Центральную равнину с Западным краем, и был городом стратегического военного назначения. Согласно записи в «Картах и описании Западного края» («Сиюй туцзи») в хронике «Книга [об эпохе] Суй» («Суй шу»), в разделе «Жизнеописание Пэй Цзюя», дороги в Западный край «начало брали в Дуньхуане и шли вплоть до Западного моря, и было всего трипути, каждый из которых миновал чрезвычайно важные земли»; «известно, что пути к вратам Западного края — Иу, Гаочан и Шаньшань — сходились все в Дуньхуане, месте жизненно важном, что горловина».

Так, двигаясь из Дуньхуана на восток по коридору Хэси, можно было приехать в древние столицы Китая — Чанъань и Лоян. Двигаясь из Дуньхуана на запад вдоль восточного склона хребта Куньлунь, через царства Шаньшань (Жоцян, уйг. Чарклык), Цемо (уйг. Черчен), Хотан (Юйтянь) можно было добраться до города Шачэ (уйг. Яркенда). Пройдя через Памирское нагорье, можно было достичь территории, населенной тохарами, и Парфянского царства. Это была знаменитая южная дорога Великого шелкового пути.

Отправившись из Дуньхуана на север через заставу Юймэньгуань, вдоль южного склона хребта Тяньшань, миновав государства Цзюйши (или Гуши), Яньци (или Карашар), Цюцы (или Куча), можно было доехать до Шулэ (уйг. Кашгар). Дальше путь вел через Памирское нагорье в Даюань (ныне центральная и восточная часть Ферганской долины), Хорезм (ныне территория Узбекистана и Туркменистана), Бактрию (ныне территория Таджикистана, Узбекистана, Афганистана) и прочие страны. Это была северная часть Великого шелкового пути.

В эпохи Суй и Тан усилились культурные и экономические связи Китая с другими государствами, поэтому к северу от северного пути возник еще один путь. Он начинался в Дуньхуане, проходил через Иу (ныне Хами), Пулэй (ныне Баркуль) и земли, где жила народность телэ. Затем, минуя реки Чу и Сырдарью, достигал Западного (Средиземного) моря. Этот путь следовал вдоль северного склона хребта Тяньшань в Центральную Азию.

Для управления Западным краем ханьский У-ди учредил «четыре округа и две заставы» — округа Увэй, Чжанъе, Цзюцюань, Дуньхуан и заставы Янгуань и Юймэньгуань, контролировавшие Дуньхуан. Целью образования застав был контроль над следовавшими на восток и запад торговцами.

Дуньхуан являлся центром торговли, перевалочным пунктом между Западом и Востоком, где контактировали между собой многочисленные народности и переплетались различные культуры.

Застава Янгуань (фото предоставлено музеем Янгуань)

Древние называли его городом, где встречаются китайцы и жуны[1]. Здесь вели торговлю и некитайские купцы из Западного края, и приезжие ханьские купцы с Центральной равнины. Продавали китайский шелк, фарфор с Центральной равнины, верблюдов и коней с Севера, драгоценности Западного края, местные зерновые культуры и прочие товары.

С тех пор как в эпоху Хань был открыт Великий шелковый путь, китайская культура в Дуньхуане стала быстро и беспрерывно распространяться, пустила там корни и обрела множество последователей. В то же время жители Дуньхуана перенимали буддийскую культуру, берущую свое начало в Индии. Также распространились на Восток и достигли Дуньхуана культуры Западной, Центральной Азии и даже Европы. Здесь собирались, сталкивались, сливались воедино, перенимали друг у друга те или иные черты китайская и западная культуры. Профессор Цзи Сяньлинь, первый председатель Китайского научного общества Дуньхуана и Турфана, писал: «В мире есть четыре культурных системы с многовековой историей, обширным регионом распространения и далеко идущим влиянием: китайская, индийская, греческая, исламская. И эти четыре культурные системы сливались только в одном месте — китайском Дуньхуане и регионе Синьцзян». Это весьма точно свидетельствует о том, что Дуньхуан играл ключевую роль в истории культурных связей Китая и Запада.

В 1979 году Дуньхуан был внесен Госсоветом КНР в число городов, открытых внешнему миру, в 1986 году государство присудило ему звание «Китайского города с богатым культурно-историческим

---

[1] Жуны — древнее наименование западных кочевой народностей. — Здесь и далее, если не указано иное, примечания редактора.

наследием», а в 1987 году ЮНЕСКО внесла пещеры Могао в Дуньхуане в список Всемирного культурного наследия.

Комитет Всемирного наследия ЮНЕСКО дал пещерам Могао следующую оценку: «Пещеры Могао расположены в стратегически важном месте на Великом шелковом пути. Они были не только транзитной станцией для торговли между Востоком и Западом, но и местом слияния религий, культур, знаний. 492 малых пещеры и пещерные храмы Могао всемирно известны своими статуями, демонстрируют буддийское искусство на протяжении тысячи лет».

Свидетельство о присвоении пещерам Могао статуса объекта Всемирного наследия ЮНЕСКО

Председатель КНР Си Цзиньпин 17 мая 2016 года во время рабочей беседы по философии и общественным наукам выступил с речью, где заметил: «Китайская культура — духовный пульс нашей страны и нашего народа, ее нужно передавать, оберегать из поколения в поколение, но при этом она должна следовать веяниям времени, отбрасывая устаревшее и развивая новое. Необходимо усиленно углублять и развивать выдающуюся традиционную китайскую культуру, совмещать базовые культурные гены китайской нации с современной культурой и нынешним обществом, развивать культурный дух, превосходящий время и пространство, выходящий за пределы государственных границ, имеющий неизменную притягательную силу и современную ценность. Нужно способствовать творческой трансформации, творческому развитию китайской цивилизации, активировать ее жизненные силы, чтобы китайская культура вместе с народами других стран создала многообразный, яркий цивилизационный путь, наметила духовное направление для всего человечества».

Сегодня искусство Дуньхуана и насыщенный культурный и естественный ландшафт данного региона привлекают посетителей со всего мира. Это происходит по нескольким причинам. Во-первых, все больший отклик получает инициатива «Один пояс — один путь», которую решается претворить в жизнь все больше стран. Во-вторых, Китай вступил в новый период открытости внешнему миру, его экономическая мощь и культурное самосознание китайцев неуклонно растут. В-третьих, непрерывно углубляется изучение Дуньхуана и распространяется культура Великого шелкового пути. Популяризация и исследование наследия Дуньхуана помогают нам понять его богатое культурное содержание, что играет заметную роль в совершенствовании гуманистических ценностей, дальнейшем развитии китайского патриотизма и интернационализма. Дуньхуан переживает новое рождение, превращается в чрезвычайно привлекательный международный туристический город на современном Шелковом пути и становится важным пунктом международных культурных и академических обменов.

Истоки названия «Дуньхуан»

I

С эпохи Мин до середины эпохи Цин Дуньхуан был забыт по политическим причинам, из-за которых был перекрыт Шелковый путь и прекратились транспортные связи.

Однако в начале XX века в пещерах Могао, на руинах сигнальных башен Великой китайской стены было обнаружено множество древних документов и книг. Также оказалось, что в пещерах Могао, Юйлинь и прочих пещерных храмах сохранились прекрасные статуи и росписи. Эти находки привели к тому, что Дуньхуан стал всемирно известен и вызвал огромный интерес ученых со всего мира, которые задались вопросом об истории его возникновения.

Относительно происхождения названия «Дуньхуан» в академических кругах еще не удалось прийти к единому мнению. Некоторые ученые считают, что это название связано с переселением тохаров и является транслитерацией тохарского слова. Другие ученые полагают, что это сложное существительное, какие с древних пор имелись в Китае. Мы пока не можем установить, какое из мнений верно, но обе точки зрения с разных сторон отразили историческую правду.

1.1 Пути переселения тохаров

Древние тохары ранее других народностей обосновались на землях к северу и югу от хребта Тяньшань. В глубокой древности тохарские языки использовали народы, расселившиеся между Алтаем и Тяньшанем, народы оазиса Куча, жившие на севере Таримской впадины, и народ оазиса Лоулань, живший в ее восточной части.

Согласно исследованиям свитков на тохарских языках, найденных при раскопках в Синьцзяне, тохарские языки относятся к индоевропейской языковой семье, а тохары, вероятно, были одним из древнейших индоевропейских племен. Приблизительно в 2200 году до н. э. индоевропейцы начали мигрировать в Центральную Азию. Археологи полагают, что самой древней культурой бронзового века в пределах Синьцзяна была чемурчекская культура, распространенная между Алтаем и Тяньшанем и берущая начало от ямной культуры на берегах Каспийского и северном побережье Черного моря. Вполне вероятно, что тохары, которые впоследствии господствовали в Западном крае, были потомками оставшихся в горах Алтая представителей чемурчекской культуры. Согласно археологическим находкам, еще четыре тысячи лет назад границы расселения индоевропейцев в Синьцзяне достигали территорий современного Цитая на восточном склоне Тяньшаня и даже бассейна Кончедарьи на востоке Таримской впадины.

В 1934 году шведский археолог Фольке Бергман из китайско-шведской научной экспедиции по исследованиям Северо-Западного региона обнаружил захоронение в бассейне реки Сяохэ в районе озера Лобнор (нынешнее название «могильник Сяохэ № 5»). Из антропологических материалов, собранных Бергманом на Лобноре, следует, что древний народ оазиса Лоулань относится к североевропейской этнической группе и про-тоевропеоидной расе.

По некоторым признакам люди чемурчекской культуры, чья деятельность охватывала регион между Алтаем и Тяньшанем, с подножия северного склона хребта Тяньшань мигрировали на юг в район Лобнора, что напрямую связано с распространением на восток народностей синташтинской культуры, говорящих на языках алтайской семьи и происходящих из Южной Сибири.

В 1800 году до н. э. в Южной Сибири быстрый подъем переживали племена окуневской культуры, говорящие на языках алтайской семьи. Одновременно с этим индоевропейские племена синташтинско-петровской культуры достигли своего расцвета в Западной Сибири и активно расширялись вовне. Это привело к завершению господства в Южной Сибири индоевропейских племен афанасьевской культуры. Афанасьевцы не могли ни остаться в Южной Сибири, ни найти убежище в Западной Сибири, поэтому им пришлось искать новое пристанище на территории относительно слабых тохаров.

Тем временем ограниченность ресурсов гор Алтая и Тяньшаня, которые не могли удовлетворить растущие потребности тохаров, а также грабительские войны, которые непрерывно развязывали с ними племена синташтинско-петровской культуры, вынудили представителей чемурчекской культуры переселиться к югу, в Лоулань.

Согласно записям в исторических источниках, тохары, изначально жившие в районе хребта Цилянь, переселились в Западный край и

Центральную Азию, после чего образовали несколько государств. До возвышения гуннов[1] тохары некоторое время были сильнейшим народом в Западном крае. После переселения тохаров в южные районы Тяньшаня их языки получили широкое распространение и стали обиходными к северу и югу от хребта Тяньшань. Монах Сюаньцзан[2], отправившийся на запад за буддийскими канонами, в своем сочинении «Путешествие в Западный край во времена Великой Тан» («Да Тан Сиюй цзи») делал записи об обычаях и языке древней страны Тохаристан, которую он миновал по пути в Индию. Цзи Сяньлинь и прочие специалисты признают, что Тохаристан — не только название страны, но и географическое название, использовавшееся людьми для обозначения местности. Именно поэтому некоторые ученые предполагают, что название «Дуньхуан» аналогичным образом претерпело эволюцию от названия народности до топонима и является транскрипцией названия «Тохаристан». В разделе «Бэйшань цзин» трактата «Канон гор и морей» («Шань хай цзин») и во второй части комментария к «Канону водных путей с комментариями» («Шуй цзин чжу») имеется запись о Дуньхуне, чья территория охватывает тянущиеся на тысячи ли[3] земли в районе от современных Карашара (Яньци), Корлы в Синьцзяне до Лобнора. В этом обширном районе горы, реки и озера равным образом носили название Дуньхун. В соответствии с существовавшем на Северо-Западе Китая обычаем называть земли

---

[1] Гуннов, или сюнну, или хунну, — кочевой народ, занимавший территорию у границ Китая в эпоху Хань.

[2] Сюаньцзан (602–664) — буддийский монах, живший в эпоху Тан. Известен своим путешествием в Индию через Западный край для изучения буддийского учения. Перевел многочисленные каноны с санскрита на китайский язык. — *Примеч. пер.*

[3] Ли — единица измерения, равная 500 м. Выражение «тысяча ли» часто используется в переносном значении и указывает на огромную протяженность. — *Примеч. пер.*

по проживающим там народностям можно предположить, что на этих землях проживала крупная народность — дуньхунцы. Можно определить период их деятельности по времени написания трактата «Канон гор и морей». Скорее всего, он совпадал с периодом Чжаньго (Сражающихся царств) на Центральной равнине.

В период Сражающихся царств и эпох Цинь и Хань у жителей Центральной равнины был обычай переводить имена людей, названия местностей и народностей в приграничных районах упрощенным способом с помощью двух иероглифов, опуская другие слоги. В соответствии с этим обычаем «Тохаристан» в «Каноне гор и морей» был переведен как «Дуньхун», а Сыма Цянь в разделе «Даюань ле чжуань» «Исторических записок» («Ши цзи») перевел это название как «Дуньхуан». Некоторые ученые пришли к выводу, что название «Дуньхуан» является транскрипцией тохарского названия, возникшего в результате переселения и слияния древних народностей.

1.2 Легенда о горе Саньвэйшань и Сиванму

В исторической литературе Китая есть немало записей легенды о народе саньмяо и горе Саньвэйшань. Например, в «Книге истории» («Шан шу») сказано: «[Тогда] сослали производителя работ в [северо-восточную область] Ючжоу; выслали Хуань Доу на высокие горы, загнали [мятежное племя] саньмяо в [местность Саньвэй]...»[1]

---

[1] Чтимая книга. Древнекитайские тексты и перевод «Шан шу» («Шу цзин») и «Малого предисловия» («Щу сюй»). / Подгот. древнекит. текстов В.М. Майорова; Л.В. Стеженской. М.: нститут Дальнего Востока РАН, Исследовательское общество «Тайцзи», 2014. С. 47.

Под «саньмяо» здесь понимаются «три племени мяо», которые исконно проживали между озёр Дунтинху и Поянху. Проиграв в межплеменной войне, часть саньмяо была изгнана на Саньвэйшань. В «Основных записях [о деяниях] пяти императоров» («У ди бэнь цзи») «Исторических записок» сказано: «[Кроме того, племена] саньмяо неоднократно поднимали восстания между реками [Янцзы]цзян и Хуай[хэ] и в области Цзинчжоу. Поэтому Шунь, возвратившись, доложил [обо всём] императору и просил…переселить саньмяо в Саньвэй, чтобы повлиять на племена жун на западе»[1]. Считается, что под «горой Саньвэй» здесь понимается современная гора Саньвэйшань, расположенная к югу от Дуньхуана. В комментариях «Описание местностей» («Ко ди чжи») к «Основным записям [о деяниях] пяти императоров» «Исторических записок» сказано, что у горы Саньвэйшань три пика, поэтому она и называется Саньвэй[2], в народе её называют Бэйюйшань, а находится она в Шачжоу, что в тридцати ли к юго-востоку от уезда Дуньхуан. В знаменитом «Каноне водных путей с комментариями» («Шуй цзин чжу») также говорится, что Саньвэйшань находится к югу от уезда Дуньхуан.

В «Канон гор и морей» и в древних легендах написано, что гора Саньвэйшань была местом, где жили три синие птицы, которые не только добывали пищу для богини Сиванму, но и были её верными посланниками. Этот факт набрасывает на гору вуаль таинственности. В «Коментарии к Книге истории» («Шан шу дачуань») говорится, что к императору Шуню явилась Сиванму и поднесла ему в дар флейту из белого нефрита. В «Вёснах и Осенях Шестнадцати

---

[1] Сыма Цянь. Исторические записки (Ши цзи) / Пер. с кит. Р. В. Вяткина, В. С. Таскина. М.: Издательская фирма «Восточная литература» РАН, 2001. Т. 1. С. 140.

[2] Здесь «сань» означает «три», «вэй» означает «высокий, крутой» (о горах). — *Примеч. пер.*

государств» («Шилюго чуньцю») приводится легенда о Чжоу Му-ване, который на горе Наньшань в Цзюцюане встретил Сиванму и в великой радости забыл вернуться в свой край. Предполагалось, что гора Наньшань была частью хребта Куньлунь. Очевидно, что уже в древности Дуньхуан и Саньвэйшань были важными местами встречи Центральной равнины и Западного края.

С современной точки зрения древние саньмяо, Саньвэйшань, Сиванму и ее три синие птицы относятся к мифам и легендам, однако эти легенды отражают базовые исторические факты. Например, вокруг горы Саньвэйшань в доциньскую эпоху уже возникали многочисленные контакты между Центральной равниной и Западным краем. В более поздние времена там проходили нефритовый и бронзовый пути, неразрывно связанные с Дуньхуаном. Недавно археологи обнаружили в районе Саньвэйшань следы древнего рудника, где добывался нефрит, а также необработанную яшму и изделия из нее, что в очередной раз подтвердило важность Дуньхуана на нефритовом пути.

Рассвет над горой Саньвэйшань

1.3 «О лошади из-под небес с западных пределов» ханьского У-ди

Согласно «Историческим запискам» и «Книге [об эпохе] Хань» («Хань шу»), во времена императора У-ди житель Наньяна Бао Личан совершил преступление и был сослан в Дуньхуан. Там на берег реки Вовашуй часто приходили на водопой дикие лошади. Среди них был конь, который отличался своим сложением от обычных лошадей. Бао Личан задумал поймать его и преподнести в дар императору, надеясь, что сможет выпросить прощение и получить награду. Так Бао Личан и сделал. Он преподнес коня в дар императору, и пожелал У-ди возвеличить необычайную природу коня, сказав, что этот конь вышел из воды. «Избранным Небесами» мог зваться только император, которому Небо пожаловало удивительного коня. Тут же была составлена история о божественном коне, вышедшем из вод, а ханьский император У-ди широко возвестил об этом событии как о счастливом предзнаменовании, ведущем к процветанию. Он провозгласил на весь мир, что из вод реки Вовашуй в Дуньхуане вышел дарованный Небом конь — небесный конь, возвеличенный древними.

В ту пору император У-ди отдавал немало сил открытию Западного края, чтобы на него распространилось могущество государства Хань. Для этого ему нужны были Небесный мандат и помощь со стороны людей. Поэтому император написал песню «О лошади из-под небес с западных пределов» («Сицзи тяньма гэ»), посвященную этому случаю:

Лошадь из-под самых небес добыли,
У западных крайних пределов земли,
Десятки тысяч ли она проскакала,

К добродетельному [монарху] домчав.
Благодаря могуществу чудотворных сил
Мы страны чужие себе подчинили,
Пройдя через гряды текущих песков,
Варваров с четырех сторон усмирили[1].

Также ханьский У-ди издал указ, в котором говорилось: «Из вод Вовашуй вышел небесный конь, и правлю я этим конем». В песне «О лошади из-под небес с западных пределов» возвещалось, что божественный конь ниспослан Небом и свидетельствует о том, что Небо одобряет добродетельного монарха — императора Хань У-ди. Небесный конь в стихотворении преодолевает тысячи ли и является с запада к императорскому двору. Это показывает, что государство Хань простирается на тысячи ли и в нем можно найти ценные сокровища. Посредством восхваления небесного коня император У-ди заявляет современникам, что его государство полагается на помощь Неба и признается Землей. Он показывает, что его страна наводит ужас на чужеземцев на севере, западе, юге и востоке, а правит ею Сын Неба. В то время У-ди называл «небесными конями» хороших лошадей из стран Усунь и Даюань. Он отправил генерала Ли Гуанли с походом в Даюань, и одной из важнейших целей этого похода были даюаньские «небесные кони».

Во время правления императора У-ди дипломат и путешественник Чжан Цянь был отправлен с посольством в Западный край, и его путешествие положило начало Великому шелковому пути. С военным походом в Даюань ходил Ли Гуанли. Генерал Хо Цюйбин нанес удар по гуннам и занял коридор Хэси. Эти многочисленные

---

[1] Сыма Цянь. Исторические записки (Ши цзи) / Пер. с кит. и коммент. Р.В. Вяткина, А.Р. Вяткина. М.: Вост. лит., 1984. Т.4. С. 73.

политические и военные достижения стали воплощением силы и масштабов «государства Сына Неба». Поэтому историки и толкователи текстов тех времен описывали важность Дуньхуана на Шелковом пути следующим образом: «Дунь, что значит великий, Хуан, что значит изобильный». Восемьсот лет под властью династий Хань, Вэй, Цзинь и Суй привели к расцвету торгово-экономической деятельности и культурных связей в районе Дуньхуана. Тогда в «Описании областей и уездов [периода] Юаньхэ» («Юаньхэ цзюнь сянь чжи») название Дуньхуана стали и далее толковать следующим образом: «Дунь, что значит великий, имя свое получил, так как открывает широкий простор Западного края». В этом описании ярко воплощается важнейшая роль, которую Дуньхуан играл в освоении Западного края.

Социально-культурная среда Дуньхуана

II

Что есть «общественная культура»?

В классическом документе «Книга перемен» («И цзин», или «Чжоу И»), первейшем из конфуцианских канонов, отражающем традиционную философию и культуру Китая, говорится:

«Узоры внутренней триграммы просветляются посредством Стойкости — это узоры человека. Направляют взор на узоры

Сигнальная башня заставы Янгуань (фото предоставлено музеем Янгуань)

Неба, чтобы исчислять циклы времен. Направляют взор на узоры человека, чтобы усовершенствовать Поднебесную»[1].

Законы природы объясняют смены времен года, движение небесных светил, связь Земли и космоса. Законы же человеческой нравственности, человеческая общественная культура являют собой связь человека и социальной среды.

В «Словаре современного китайского языка» («Сяньдай ханьюй цыдянь») под «социальной культурой» понимаются «различные культурные явления в человеческом обществе».

Обобщая, можно понять «социальную культуру» как «культуру», образовывающую «человеческое общество», способствующую его прогрессу. Соответственно, социально-культурная среда Дуньхуана связана с прогрессом всех аспектов жизни Дуньхуана.

2.1 Образование четырех округов, учреждение двух застав и военные приграничные поселения

Когда Хо Цюйбин нанес поражение гуннам, и Хэси официально стал владением империи Хань, император У-ди принял административные и военные меры по образованию четырех округов и учреждению двух застав, чтобы управлять этими землями. Округами в Хэси стали Увэй, Чжанъе, Цзюцюань и Дуньхуан. Округ Дуньхуан делился на шесть уездов: Дуньхуан, Минъань,

---

[1] И цзин («Книга перемен») / Пер. с кит. А. Лукьянова, Ю. Шуцкого. СПб.: «Азбука-классика», 2008. С. 113.

Руины участка Великой Китайской стены эпохи Хань

Сяогу, Юаньцюань, Гуанчжи и Лунлэ. Они охватывали территорию современных города Дуньхуан, уезда Гуачжоу, Аксай-Казахского автономного уезда и Субэй-Монгольского автономного уезда провинции Ганьсу. Площадь этих территорий составляла примерно восемьдесят тысяч квадратных километров.

После того как регион Хэси вошел в состав империи Хань, императорский двор принял ряд политических и экономических мер, чтобы обеспечить безопасность и развитие этих земель. Основной оборонительной мерой стало расширение Великой китайской стены. К ней построили сигнальные башни и учредили систему несения дозорной службы. Также была организована почтовая станция для приема и передачи корреспонденции — Сюаньцюаньчжи. Она также выполняла функции постоялого двора и военного этапного пункта. Помимо прочего, военных поселенцев отправляли заселять границы, чтобы их охранять.

Одновременно с образованием четырех округов империя Хань

учредила две заставы: Янгуань и Юймэньгуань. Они располагались на Великой китайской стене к западу от Дуньхуана.

В эпоху Хань расстояние между сигнальными башнями на Великой китайской стене составляло от одного до пяти километров. Согласно исследованиям научного сотрудника Исследовательского института Дуньхуана Ли Чжэнъюя, на участке Великой китайской стены длиной триста километров было более 120 сигнальных башен. В соответствии с ханьской системой на каждой башне были командир, помощник командира и более десяти солдат. Если посчитать также дувэев (военных начальников округа. — *Примеч. пер.*), начальников сторожевых постов, помощников и тыловых служащих, то получится, что численность войск округа Дуньхуан в эпоху Хань на одной лишь линии Великой китайской стены превышала две тысячи человек. Кроме того, были построены надежные объекты военной защиты, такие как укрепленные стены и поля для разведки и наблюдений, и учреждены системы наблюдения и связи. Создание целостной и тщательно продуманной системы обороны беспечило беспрепятственное транспортное сообщение между Китаем и Западом и заложило прочную базу для экономического и культурного процветания Хэси в эпохи Вэй, Цзинь, Северных и Южных династий, Суй и Тан.

Обязанности гарнизонов на Великой китайской стене и солдат на ее сигнальных башнях не ограничивались несением караула и обороной. Обычно они должны были обрабатывать землю и приводить в порядок оборонительные укрепления. Сейчас поблизости от Дуньхуана еще остаются развалины Великой китайской стены эпохи Хань. Им уже более двух тысяч лет, сохранить их было очень непросто. По деталям на современных фотографиях можно понять, каким образом в эпоху Хань сооружалась Великая китайская стена: сперва укладывали слой почвы, затем для трамбовки использовали слой травы (для этого брали гребенщик и тростник). Стена строилась вдоль реки Шулэхэ, на которой в изобилии произрастал тростник. Записи на бамбуковых дощечках эпохи Хань, найденных при раскопках у Великой китайской стены, гласят, что для строительства стены солдаты должны были ежедневно ходить на косьбу. За день они скашивали более четырехсот тысяч снопов, а один солдат — более пятидесяти снопов.

До эпохи Хань земли в Дуньхуане были обширными и незаселенными, при этом пастбища подходили для выпаса скота. Однако при строительстве Великой китайской стены солдаты не могли жить исключительно за счет скотоводства, им также нужно было заниматься земледелием. Согласно записям в исторических документах, до четвертого года правления под девизом Юаньдин (113 г. до н. э.) в Дуньхуане и на прочих территориях уже начались земледельческие работы, которые выполнялись солдатами. Самые ранние пограничные поселения в Дуньхуане и прочих местах Хэси в эпоху Западная Хань образовали именно эти войска. Они охраняли рубежи и обрабатывали земли. Все необходимое для образования пограничного поселения, включая землю, сельскохозяйственные орудия, семена, скот и солдат, поставляло государство. Труд солдат считался государственной трудовой повинностью, поэтому урожай, полученный во время сельскохозяйственных работ, полностью отдавался государству. Службу в таких войсках несли на протяжении определенного срока, обычно на протяжении года, по истечении которого солдат отсылался обратно на родину.

Обработка земли в приграничных округах в эпоху Хань имела очень большие масштабы. Для управления этим процессом были специально учреждены управленческие органы и создана организационная система. На бамбуковых дощечках эпохи Хань есть записи о зернохранилищах.

Урожай из приграничных поселений не только разрешил вопрос снабжения приграничных областей, но и стал товаром, который могли купить посланцы и торговцы, следующие по Великому шелковому пути. В то же время запасами зерна из этих поселений можно было снабжать внутренние районы, когда в стране происходили бедствия. Земледелие в приграничных поселениях Хэси стало важной политической мерой и позволило внедрить на этой территории феодальный способ производства. Это привело к накоплению достаточных запасов зерна, а также способствовало стремительному подъему уровня сельскохозяйственного производства в районе Дуньхуана. Государство смогло сократить поставки зерна к пограничным заставам.

Солдаты-земледельцы являлись составной частью пограничных войск, что усиливало мощь империи Хань на границах. Обработка местной земли Руины участка Великой Китайской стены эпохи Хань решила вопросы снабжения приграничных округов и вооружения пограничных застав, усилила возможности по охране границ и позволила останавливать набеги всадников-рабовладельцев из числа гуннов.

2.2 Сельскохозяйственное производство общества переселенцев

В древности население Дуньхуана было обществом переселенцев. Миграции в регион Хэси в основном пришлись на времена ханьского У-ди. В исторической литературе есть записи, согласно которым на шестой год правления под девизом Юаньфэн (105 г. до н. э.) императора У-ди округ Дуньхуан наполнился переселенцами. Множество людей из внутренних районов Китая переезжало в Дуньхуан. В основном это были бедняки, не имевшие средств к существованию, и преступники, особенно политические, осужденные за государственную измену. В эпоху Западная Хань существовал закон об избежании смертной казни и замене ее пограничной службой. Некоторых представителей национальных меньшинств тоже насильственно переселяли в Хэси по различным причинам. Конечно, часть людей переезжала по собственному желанию: некоторые солдаты после окончания службы в приграничных поселениях добровольно оставались и перевозили туда свои семьи.

Благодаря мероприятиям ханьского У-ди по переселению количество жителей в регионе Хэси сильно увеличилось. После его правления эта тенденция сохранилась: согласно записям раздела «География» «Книги [об эпохе] Хань», в последние годы эпохи Хань в четырех округах Хэси проживало 61 270 семей общей численностью 280 тысяч человек. В Хэси также переезжали люди с Центральной равнины. Это изменило этнический состав населения Хэси, принесло с собой относительно передовые технологии Центральной равнины, поспособствовало сельскохозяйственному развитию региона. Переселенцы вносили вклад в укрепление и защиту границ, поэтому Хэси в эпоху Западная Хань сыграл важную роль в усилении пограничной охраны и защиты от вторжения гуннов. Кроме того, миграция принесла в Хэси феодальную экономическую и политическую системы, осуществляемые во внутренних районах Китая.

В начале III века, после образования царства Вэй (220–265), большое внимание уделялось стратегическому положению

Хэси, поэтому чиновников в этом регионе назначали с особой осмотрительностью. Во времена императора Мин-ди[1] (226–239) эпохи Вэй правителем округа Дуньхуан был назначен Цан Цы. В регионе Хэси большая часть земель была сосредоточена в руках крупных деспотических местных родов, а простой народ оказался лишен даже клочка земли. Чтобы ослабить влияние местной знати и оказать помощь беднякам, Цан Цы после вступления в должность первым делом принялся воплощать политику сдерживания. Далее он ввел выдачу «проходных грамот» (пропусков), а также назначил местных чиновников защищать и сопровождать путников на Великом шелковом пути, чтобы защитить интересы торговцев из Западного края. Кроме того, Цан Цы побуждал простой народ распахивать невозделанные земли, поощрял браки между ханьцами и представителями иных народов. Благодаря всем этим мерам Дуньхуан стал торговым городом, где в тесной связи находились ханьцы и чужеземцы.

В «Трактате о Трех царствах» («Сань го чжи») говорится: «В годы Цзяпин правителем Дуньхуана стал Хуанфу Лун из Аньдина, чье второе имя было Дайцзи. В начале его правления в Дуньхуане не умели возделывать поля, а орошали их запасенной водой, что погружало поля в грязь, после чего начиналась пахота. Не ведали в Дуньхуане и о плуге и сеялке, не ведали, как поливать и засеивать поля, много тратили людских сил и сил скота, а урожая было мало. После того как Хуанфу Лун стал править Дуньхуаном, он обучил крестьян пахоте с помощью плуга и сеялки, провел каналы для орошения полей, что за год сберегло половину человеческих сил, а урожай вырос на пять десятых».

---

[1] Мин-ди (206–239) — правитель царства Вэй, основанного его дедом — великим полководцем Цао Цао (155–220). — *Примеч. пер.*

Хуанфу Лун вступил в должность в годы правления под девизом Цзяпин (249–254) при правителе династии Вэй Ци-ване. Став правителем округа Дуньхуан, он посвятил себя развитию сельскохозяйственного производства, а также выступал за активные перемены в местных отсталых нравах и внес большой вклад в развитие региона Хэси. Наблюдая за вверенной ему территорией, Хуанфу Лун осознал, что в Дуньхуане мало воды, часто случаются засухи, а в песчаной почве содержится много щелочи, поэтому решил действовать с учетом местных условий. Во-первых, он преобразовал традиционный способ орошения полей большим количеством воды, стал широко внедрять медленный полив тонкой струей. Такой способ позволял и экономить воду, и равномерно поливать весь участок, что снизило трудозатраты человека и скота и повысило производство зерна. Хуанфу Лун также обратил внимание на то, что простые люди до сих пор пользуются примитивным способом земледелия. Он научил крестьян производить комбинированные орудия труда,

Изображение распашки земли на фреске в Дуньхуане

сочетавшие функции плуга и сеялки, и собственным примером распространял способ обработки земли с помощью этих орудий. Результатом этих нововведения стало снижение человеческих трудозатрат в два раза, а урожай при этом вырос на пять десятых.

Сегодня на стенах пещер Могао, например в пещере № 45, можно увидеть фрески, изображающие картины пахоты и жатвы с помощью двух быков, несущих шест, к которому прикреплено сельскохозяйственное орудие. Эти фрески являются ярким отражением сельскохозяйственной производственной деятельности Дуньхуана того времени. Преобразовав отсталый способ распашки земли в Дуньхуане, Хуанфу Лун сыграл в освоении и развитии региона Хэси роль, которую невозможно переоценить. Его преобразования помогли сократить разрыв между Дуньхуаном и Центральной равниной, благодаря чему Дуньхуан стал важным центром обмена товарами и базой зернового производства на Великом шелковом пути.

С конца эпохи Юань до середины эпохи Цин в Дуньхуане продолжался период застоя. В годы правления под девизом Юнчжэн (1723–1735) императорский двор начал поощрять крупномасштабное переселение в Дуньхуан, чтобы освоить западные регионы, усилить оборону границ, продолжить открытие Великого шелкового пути и оживить экономику Хэси. Согласно подсчетам ученых на основе исторических записей, с третьего по седьмой (1725–1729) год правления под девизом Юнчжэн в Дуньхуан переселилось от десяти до двенадцати тысяч человек. Это заложило основы для формирования населения региона в Новое и Новейшее время, поспособствовало развитию местной сельскохозяйственной экономики, ускорило культурные обмены на Шелковом пути.

2.3 Самое раннее собрание торговой организации

В начале эпохи Суй, после того как была устранена угроза тюрков с Северо-Запада, Великий шелковый путь вновь стал безопасным, а поток торговцев из Западного края в Хэси — беспрерывным. Императорский двор династии Суй усилил контроль над регионом Хэси и предпринял разнообразные меры, чтобы напрямую контролировать торговлю товарами империи Суй с Западным краем и северо-западными национальными меньшинствами. В то время Пэй Цзюй, помощник министра личного состава и аттестаций, способствовал установлению контактов с местными властями Гаочана (Турфан), Иу (Хами) посредством заключения межнациональных браков. Также он неоднократно выступал за ведение пограничной торговли в Чжанъэ и приглашал к императорскому двору правителей, посланников и торговцев из Рвзличных стран Западного края.

В шестой месяц пятого года правления под девизом Дае (609) династии Суй император Ян-ди (604–618) повел огромное войско из столицы Чанъань (Сиань) в Ганьсу. Он выступил к западу в Цинхай, пересек горный хребет Циляньшань, миновал глубокие ущелья и вскоре прибыл в округ Чжанъэ коридора Хэси. Правитель Гаочана Цюй Боя, тудун Иу и посланники двадцати семи государств один за другим явились на аудиенцию к Ян-ди, выражая ему покорность, а купцы со всех стран стеклись в Чжанъэ, чтобы вести там торговлю. Желая продемонстрировать богатства и процветание императорского двора Суй, Ян-ди издал указ, согласно которому народ Увэя и Чжанъэ должен был нарядиться в парадную одежду и приветствовать гостей, стоя вдоль дорог. Также император лично возглавил торговое собрание на Великом шелковом пути, которое назвали Торговым собранием двадцати семи стран. Это торжественное праздничное мероприятие, на котором присутствовали представители Китая и Западного края, потомки назвали Международной ярмаркой, или Самым ранним собранием торговой организации. Суйский Ян-ди стал единственным императором, начиная с правителя эпохи Цинь Шихуан-ди (247–210 гг. до н. э.) и заканчивая Пу И (1908–1911), который прибыл в Хэси не с целью ведения войны. Благодаря этому собранию и мероприятиям по поддержке пограничной торговли, которые ввел Пэй Цзюй, регион Хэси получил мощный стимул для развития, а Чжанье, Увэй и Дуньхуан стали экономическими центрами Северо-Запада и вступили в ряды международных торговых городов.

В эпоху Тан район Дуньхуана был местом талантливых людей, высокоразвитой торговли и пересечения различных народностей. Наряду с китайским Синьцзяном Дуньхуан стал местом стечения четырех культурных систем с самой долгой историей в мире (китайской, индийской, греческой, исламской). Эти культуры покрывали самые обширные территории и, будучи цельными и самодостаточными, оказывали на мир глубокое влияние. В то время в тринадцати поселениях Дуньхуана жили вместе ханьцы, тибетцы (сицзанцы), персы, уйгуры и тохары. Общая численность населения превышала несколько десятков тысяч. У этих людей были разные религиозные верования, обычаи и нравы, однако они жили в мире и согласии. Конфуцианское учение, буддизм, даосизм, манихейство[1],

---

[1] Манихейство — синкретическое религиозное учение, зародившееся на основе вавилонских, персидских и христианских культов. Строится на дуализме света и тьмы, добра и зла. Последователи считали манихейство восстановлением истинной первоначальной религии.

зороастризм[1] и несторианство[2] сливались и дополняли друг друга.

В период расцвета империи Тан в Дуньхуане сформировалась ирригационная система, в которую входили три реки, сто каналов, восемь источников и десять прудов. Согласно записям ученых в литературных памятниках и исследованиям на местности, общая длина каналов одной лишь реки Данхэ превышала семьсот ли. Благодаря этому устойчиво развивалось животноводство, в среднем на человека приходилось более десяти му[3] пахотной земли, а зеленые насаждения занимали 71% общей площади городских районов. Здесь в огромном количестве росли фруктовые деревья, изобильным было производство зерна. Согласно записям в «Историях о старцах восточных городов» («Дунчэн лаофу чжуань») из «Обширных записей [годов] Тайпин» («Тайпин гуан цзи»), в то время из Дуньхуана излишки проса перевозили в Линчжоу вниз по реке Хуанхэ, в амбары Тайюаня, чтобы сослужить службу, если в Гуаньчжуне[4] случится голодный год. В свитке Р.5007 из пещеры Цанцзиндун комплекса Могао есть стихотворение «Воспеваю Дуньхуан», которое описало картины Дуньхуана эпохи Тан:

Со всех сторон песками окружен, но всюду — плодородные поля.
Во власти иноземцев много лет бывала эта ханьская земля.

[1] Зороастризм — древнейшая религия, распространенная на территории Персии и стран Ближнего и Среднего Востока. Строится на противопоставлении нового единого бога и пантеона древних божеств, а также дуализме света и тьмы.
[2] Несторианство — учение Константинопольского патриарха Нестория (III-IV вв.) в христианстве; официальная церковь считает его еретическим. Несторианство утверждало, что сначала Иисус Христос был рожден человеком и лишь после воскресения стал Сыном Божьим.
[3] Му — мера земельной площади, равная приблизительно 0,07 га.
[4] Гуаньчжун — историческая область в долине правого притока Хуанхэ, ныне центральная часть провинции Шэньси.

Но ныне, в годы Тан, вернулись вновь былые песни на родной порог.
Танцуют под весенним ветерком все тополя и ивы вдоль дорог.
У девушек прически те же, их волосы лежат на ханьский лад.
Растут здесь так, как на равнине встарь, кунжут и лен, тутовник и батат.
Могущественное войско в годы Тан и барабанов дробь врагов страшит.
напрасно иноземцам в бой вступать, любой пред этой мощью отступит[1].

Процветание сельского хозяйства поспособствовало и подъему товарной экономики в Дуньхуане. В те годы на местных рынках встречались не только шелк и фарфор с Центральной равнины, но и яшма и драгоценности из Западного края, верблюды и шерстяные изделия с севера, орехи бетелевой пальмы[2] из жарких регионов, а также продукты местного дуньхуанского ремесленного производства.

2.4 Храмы и школьное образование в Дуньхуане

Многочисленные храмы, отражающие религиозное разнообразие Дуньхуана, являлись важными пунктами культурных обменов. Численность монахов составляла большую долю от местного населения, что было редким явлением в Китае тех лет и в полной мере демонстрировало своеобразие Дуньхуана как «горловины» Великого шелкового пути. Здесь допускалось существование разных культур, помимо конфуцианской. Буддизм, даосизм, манихейство,

[1] Перевод В. В. Скомороховой.
[2] Бетелевая пальма — дерево семейства пальмовых, плоды которого используются в медицине.

зороастризм, несторианство переплетались друг с другом, и результаты этих обменов отразились в литературных памятниках пещеры Цанцзиндун, во фресках и скульптурах Дуньхуана.

Согласно исторической литературе, самый первый храм в Дуньхуане был построен в эпоху Западная Цзинь и назывался Шэняньсы. Его возвели в 265 году монахи, пришедшие с Запада. Впоследствии храмов становилось все больше, в том числе пещерных. С тех пор как в 366 году монах Лэцзунь построил в скалах Миншашань первый пещерный храм, обустраивалось так много пещер, что их количество превышало тысячу. Судя по историческим источникам и документам, которые были найдены в Дуньхуане при раскопках, с эпохи Западная Цзинь до начала эпохи Сун количество храмов различных религий в этом регионе заметно выросло. По приблизительным подсчетам в период с эпохи Западная Цзинь до Поздней Тан в районе Дуньхуана насчитывалось 20 народных храмов (например, Цанцымяо), 10 даосских храмов (Шэньцюаньгуань), 59 буддийских храмов (Саньцзесы), а также 22 монастыря и 14 молитвенных залов. В период военного губернаторства Гуйицзюнь (851 – прибл. 1036) в Дуньхуане было 17 буддийских монастырей, в которых проживало 1 100 монахов. В соответствии с исторической литературой, по всей стране тогда насчитывалось 5 368 храмов и 126 тысяч монахов, то есть в среднем в одном храме или монастыре проживали 23 монаха. В Дуньхуане на один монастырь приходилось 65 человек, то есть в три раза больше среднего показателя по стране. Это подтверждает, что масштабы дуньхуанских храмов были довольно значительны. В пещере Цанцзиндун, которую заслуженно называют библиотекой буддизма, сохранились не только многочисленные буддийские каноны, законы, письма и храмовые документы, но и множество конфуцианских классических книг и прочих религиозных памятников. Также в ней обнаружили различные рукописи, тесно

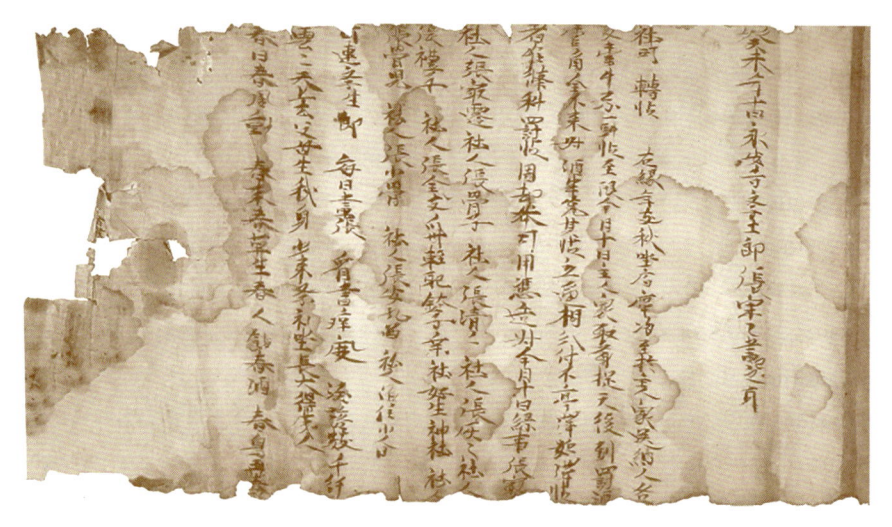

Свиток с копией стихов ученого юноши из Дуньхуана

связанные с общественной жизнью в данной местности, в том числе свитки на разных языках, включая древний тибетский. Эти находки отражают культурное многообразие Дуньхуана.

Благодаря географическому положению многие знаменитые буддийские наставники останавливались в Дуньхуане и занимались переводом буддийских канонов. Например, «дуньхуанский бодхисаттва[1]» монах Чжу Фаху (Дхармаракша) и его ученик Чжу Фачэн (Дхармаяна); великий переводчик сутр Кумараджива, который читал в Дуньхуане проповеди и оставил после себя Пагоду Белой лошади (Баймата); Дхармакшема, который перевел «Махапаринирвана-сутру» — один из буддийских канонов. Также через Дуньхуан проезжали наставники Фасянь и Сюаньцзан,

[1] Бодхисаттва — в буддизме человек или существо, которое готовится стать Буддой для блага всех остальных, чтобы выйти из круга бесконечности перерождений; просветленный, отказавшийся уходить в нирвану с целью спасения всех живых существ. Может иметь как женский, так и мужской облик.

которые отправлялись на запад изучать буддизм. Эти яркие фигуры в истории буддийской культуры стимулировали подъем буддийских монастырей и соответствующей деятельности в Дуньхуане.

Особенности школьного образования в регионе как основа культурно-социального воспитания также привлекают внимание ученых.

Заведения школьного образования в Дуньхуане делились на казенные, частные (основанные на добровольных пожертвованиях) и храмовые школы. Все они появлялись под эгидой местных властей, которое оказывало школам поддержку. В периоды Цзинь и Северных и Южных династий в регионе Хэси процветало изучение конфуцианской науки, что подтолкнуло расцвет культуры в Дуньхуане.

Казенные школы находились в ведении государства и делились на окружные, уездные и областные. В местных казенных школах распространялись конфуцианские канонические книги. Кроме того, они дали начало учебным заведениям, в которых изучались медицина, философия инь и ян, философия даосизма, ремесла и искусства и другие направления профессиональной подготовки. Среди заведений, где преподавались ремесла и искусство, можно выделить академию живописи. Фрески в Дуньхуане создавались многочисленными художниками, приезжавшими из других регионов, а также живописцами, воспитанными в местных казенных учебных заведениях. Первый цзедуши (генерал-губернатор. — *Примеч. пер.*) Гуйицзюнь Чжан Ичао и ученый Чжай Фэнда, изучавший астрономический календарь, учились в казенных школах.

Частные школы открывались частными лицами и с Нового времени достигли высокой степени развития. После того как некоторые кланы чиновников и земледельцев переехали в Хэси, эрудированные знатные ученые открыли здесь свои школы. Это были крупные школы, в которых обучалось множество учеников. Когда в Дуньхуане начала распространяться конфуцианская культура, среди дуньхуанцев появилось множество известных людей. Например, знаменитые ученые Сун Цянь и Го Юй, которые открыли школы и преподавали в период Шестнадцати варварских государств, а также два крупных каллиграфа Чжан Чжи и Со Цзин, семьи которых переселились в Дуньхуан из внутренних районов Китая. Это доказывает, что знатные ученые сыграли важную роль в передаче культуры следующим поколениям.

Также в Дуньхуане имелись храмовые школы. Эти школы открывались в период Поздняя Тан и эпоху Пяти династий и Десяти царств при дуньхуанских храмах и монастырях, чтобы решить проблему обучения детей, проживающих близ монастырей. Благодаря мощной поддержке местной власти, учителя, учебная программа и прочие условия в храмовых школах зачастую бывали лучше, чем в казенных. Обучение не ограничивалось фундаментальными знаниями буддийских канонов, детям также преподавали обширные знания о других культурах. Из буддийской науки изучались «три рода знаний»: базовые знания буддийской религии, десять обетов шраманеры[1] и семьдесят два правила церемоний с целью приобрести воздержание, твердость и мудрость. Из прочих наук преподавалась «мораль»: конфуцианские основополагающие каноны, этикет, литературные произведения, комментирование книг, танцы и музыка, календарная система, искусство управления.

---

[1] Шраманера — молодой буддийский послушник или ученик не старше 20 лет.

Многие дети важных чиновников поступали в храмовые школы, где получали базовое образование. Среди дуньхуанских памятников было обнаружено письмо, которое преподаватель храмовой школы написал правителю Гуйицзюнь: «Главный монах храма благодарит высокого попечителя». Это письмо касалось восхищения и доверия местных чиновничьих семей по отношению к качеству образования в храмовых школах. Связь с высокопоставленными лицами была одной из причин процветания храмовых школ в Дуньхуане.

В некоторых казенных учреждениях Дуньхуана имелись списки храмовых школ, по которым можно сделать вывод, что в период Поздняя Тан, эпоху Пяти династий и Десяти царств и в начале эпохи Сун храмовые школы были открыты при десяти с лишним храмах, в том числе при храмах Цзинтусы, Ляньтайсы, Цзиньгуанминсы, Цяньминсы, Саньцзесы, Юнаньсы, Лунсинсы, Линтусы, Даюньсы, Сяньдэсы, Чэннаньсы. Школа при храме Цзинтусы просуществовала более ста лет: с 870 по 973 год.

Маленькие монахи в храмовых школах Дуньхуана назывались учеными юношами. В письменных свитках Дуньхуана обнаружились многочисленные материалы для обучения ученых юношей грамоте, а также их домашние задания, включая переписывание стихов. Многочисленные копии стихов, написанные руками учеников храмовых школ, позволяют нам узнать содержание и методы школьного воспитания в Дуньхуане тысячу лет назад. Также они открывают причину расцвета поэтического творчества в эпоху Тан и дают представление о тесной связи поэтического творчества образованных людей и народа.

Из «Книги Цзинь» («Цзинь шу») известно, что в начале V века император У Чжао-ван (400–417) династии Западная Лян хотел, чтобы его сын остался в Дуньхуане, и дал ему наказ: «Округ сей, Дуньхуан, чистотой нравов отличается, люди здесь великодушны и благовоспитанны, во время высшего расцвета единой страны о Дуньхуане летели вести великолепные, а ныне край сей и вовсе знаменит и велик». У Чжао-ван надеялся, что его сын присмотрится к богатому материальному и культурному наследию Дуньхуана.

В эпоху Тан исключительные черты культурно-социальной среды Дуньхуана определялись многообразием религиозной культуры и школьного воспитания, многочисленными визитами странствующих торговцев, развитыми ремеслами, огромным количеством лавок, зажиточными монастырями и богатой экономикой. Все это создало условия для развития искусства, благодаря чему Дуньхуан стал международным культурным городом в подлинном смысле этого слова.

Строительство пещер Могао

III

Сегодня под культурой и искусством Дуньхуана понимают исторические и культурные реликвии, представленные пещерами в Дуньхуане. Оно в основном включает в себя искусство каменных пещер (скульптуры, настенные росписи, архитектура), литературные памятники пещеры Цанцзиндун и прочее (исторические места близ гор и рек, развалины храмов, мемориальные надписи и т.д.).

С IV века н. э. в регионе Дуньхуан строилось множество каменных

Вид на пещеры Могао

пещер. Все они похожи по стилю и находятся близко друг к другу, в пределах исторического округа Дуньхуан, и поэтому относятся к дуньхуанским пещерам. Их насчитывается более 800, в том числе 735 пещер комплекса Могао, 22 Западные пещеры тысячи будд, 42 пещеры комплекса Юйлинь, 7 Восточных пещер тысячи будд в уезде Аньси и 6 Пещер пяти храмов в уезде Субэй провинции Ганьсу.

Пещеры Могао находятся в 25 километрах к юго-востоку от города Дуньхуан на восточном склоне горы Миншашань. Поблизости от них расположена река Данцюань, на востоке — горы Саньвэйшань. С IV по XIV вв. здесь формировался комплекс пещер, протяженность которых с юга на север составила 1 680 метров. До наших дней сохранилось 735 пещер, выстроенных рядами в 1–4 этажа и расположенных на утесе высотой более 30 метров.

Конплекс пещер Могао подразделяется на северный и южный участки. Основной целью возведения 492 пещер южного участка было поклонение Будде. Сохранилось более 2 000 скульптур, более 45 тысяч квадратных метров настенных росписей, 5 деревянных навесов, сооруженных в пещерах во времена Тан и Сун. Недавние раскопки и исследования в Дуньхуане свидетельствуют, что 243 пещеры северного участка в основном служили для монахов жилищами и местами, где они занимались духовным совершенствованием. Здесь были удобства для медитаций и ведения быта: топки, дымоходы, ниши, подставки для светильников. Хотя в большинстве из этих пещер не сохранилось скульптур и фресок, но зато в них удалось обнаружить многочисленные письменные источники, деревянные литеры с буквами древнеуйгурского письма, печатные экземпляры древних литературных памятников на китайском языке, персидские серебряные монеты и прочие реликвии.

3.1 Сооружение пещер Могао

Более 1 600 лет назад, на второй год правления под девизом Цзяньюань (366), в государстве Ранняя Цинь (351–394) жил монах, которого звали Лэцзунь. Он странствовал по свету и однажды прибыл к месту соединения гор Миншашань и Саньвэйшань в Дуньхуане. Увидев уединенную горную долину, где в небо устремлялись старые деревья и журчала река Данцюань, он решил, что это прекрасная земля для медитаций и духовного совершенствования. На закате, когда солнце почти зашло, Лэцзунь вдруг увидел золотой свет, исходивший от осадков мелкой горной породы на утесе Миншашань. Казалось, его взору предстали тысячи будд, источающие золотистое сияние. Лэцзунь был заворожен и испуган, поэтому тут же поклялся, что соорудит здесь пещеру и создаст золотую статую Будды. С великим трудом он собрал на это пожертвования и набрал ремесленников, которые вырубили в скале горы Миншашань первую каменную пещеру — так и было положено начало всемирно известным пещерам Могао.

Вскоре после этого наставник Лэцзунь снова пустился в путь. Через несколько лет один буддийский монах с востока прибыл к пещере в горе Миншашань, совершил поклонение и в подражание Лэцзуню вырубил в скале еще одну пещеру. С тех пор пещер становилось больше и больше, в течение нескольких десятков лет на утесах Могао их появилось более семидесяти. Некоторые из них поражали своими масштабами, величественностью и огромными статуями. Стены украшали прекрасные настенные росписи, сделанные разными материалами. По мере того как все больше людей исповедовало буддизм, увеличивалось и количество пещер.

Теперь их вырубали не только буддийские монахи, но и некоторые благочестивые последователи буддизма, считая, что строительство пещеры — это воздаяние Будде. Большие и малые пещеры здесь строили знатные люди, землевладельцы, чиновники, богатые торговцы, обычные горожане, ремесленники. Некоторые пещеры люди вырубали в одиночку, некоторые — возводились целыми семьями, группами, коллективами на общие средства. В зависимости от своего политического статуса и экономических возможностей люди вносили различные пожертвования и воздаяния, непрерывно умножая художественное богатство и религиозное воздействие пещер Могао. Те, кто выделял средства на строительство пещер и создание статуй и фресок, назывались донаторами.

3.2 Функции пещер Могао

На протяжении тысячи лет, со времен эпохи Северная Вэй и до эпохи Юань, процветала деятельность по ваянию статуй, которая неотделима от изначального религиозного назначения пещер Могао.

В периоды Вэй, Цзинь, Суй и Тан буддизм распространился и завоевал популярность в Дуньхуане и во всем Китае. Монахи по-прежнему жили и медитировали в пещерах Могао, однако в ту эпоху это было прежде всего место, где благочестивые верующие выражали силу своей веры и стремились к идеалу. Люди разного социального положения из Дуньхуана и окружающих его земель приходили сюда, чтобы помолиться и поклониться Будде в пещерном храме. Это были высокопоставленные чиновники и знать, обычные люди; купцы, солдаты, монахи, посланники из мест к востоку и западу от Дуньхуана, в том числе люди различных религиозных верований. Множество записей об этом содержится в литературных памятниках и на стенах пещер Могао. Например, цзяньпинский гун Юй И, начальник округа в государстве Северная Чжоу (557–581), прорубил 428 пещер, а живопись в них выполняли 1 189 донаторов. На протяжении почти двухсот лет, когда Дуньхуан находился под властью родов Чжан и Цао в период Гуйицзюнь, верхи общества часто организовывали посты, молитвенные службы, возведение пещер. Так, в пятнадцатый день восьмого месяца третьего года правления под девизом Гуаншунь (953) вокруг пещеры № 469 на крупную молитвенную службу собралось более двух тысяч человек под личным руководством цзедуши Цао Юаньчжуна.

Молитвенные службы обычно организовывались во время торжественной церемонии начала или окончания строительства пещеры. Запись о таком мероприятии есть почти во всех документах о создании пещер Могао, называлось оно «моление о счастье». Во время таких служб подавались постные блюда: разного рода лепешки и каши. Моление, организованное в 953 году в пещере № 469 Цао Юаньчжуном, было исключением: его суть заключалась в использовании пещер Могао для укрепления и усиления власти военного губернаторства Гуйицзюнь.

Зажигание светильников перед статуей Будды в пещерах Могао также было способом вознести молитву. Во многих пещерах остались следы подсвечников и подставок под светильники. Масштабы зажигания были разными, например, в документе № 0322 Исследовательского института Дуньхуана «Списки тех, кто зажигал светильники в пещерных храмах восьмого числа двенадцатого месяца» указано, что в этот день 951 года в пещерах Могао было проведено крупное мероприятие, каких не происходило и несколько раз в год. Оно было организовано обществом дуньхуанских монахов. Помимо монахов, чтобы зажечь светильники, в пещеры поднимались высокопоставленные чиновники, знатные люди и обычные верующие. Фиксированного времени для их зажигания, помимо ежегодного Праздника фонарей, не было, в этом оно напоминало обычное возжигание благовоний. Согласно правилам буддизма, светильник, горящий перед статуей Будды, должен быть неугасимой лампадой.

В залах пещер Могао обычно переписывались каноны. Сотни пещер были вырублены в утесе и расположены по уровням, что весьма ограничивало их размер, однако на нижнем уровне имелись и крупные, достаточно просторные пещеры. Например, такой была пещера № 98, которую принято называть Даванку (букв. пещера Великого государя). В пятый месяц 966 года цзедуши Цао Юаньчжун приехал сюда отдохнуть от летней жары, позвав с собой нескольких монахов и мирян. В пещере Великого государя писались тогда копии канонов, из каждого из семнадцати стихов была переписана часть. Это одна из самых больших наземных пещер в Дуньхуане. Ее передний и главный залы в высоту достигают примерно шести метров, они соединены в единый зал с деревянными карнизами общей площадью две тысячи квадратных метров. В залах других крупных пещер тоже можно было переписывать каноны. Для монахов и простых прихожан эта деятельность была одним из способов выразить почтение Будде, также она способствовала передаче и изучению культуры в специфической обстановке.

В пещерах Могао верующие миряне могли не только поклоняться Будде и бодхисаттвам, но и приобщаться к религиозной культуре и получать эстетическое образование. Они могли изучать основные догматы буддизма и различные истории по скульптурам и красочным фрескам, любоваться произведениями искусства и впитывать в себя религиозную культуру. В древнем китайском обществе далеко не все люди умели читать и понимать буддийские каноны, а содержание фресок на стенах пещерных храмов помогало народу за счет живых образов и простоты понять основы буддизма. Художники прибегали к изобразительным методам, которые были хорошо известны народным массам и соответствовали их вкусам. К тому же изображения отвечали потребностям духовной жизни людей, поэтому художники сумели за счет формы интуитивного искусства популяризовать глубокое содержание канонов и буддийскую философию. Кроме того, в некоторых достаточно крупных пещерах с обильным культурным содержанием переписчики канонов и монахи часто произносили проповеди. Они обладали глубокими познаниями, благодаря чему буддийская культура распространялась и укоренялась в сознании народа.

Очевидно, что строительство пещер Могао было неотделимо от проведения молитвенных служб и проповедования религии, а их художественное великолепие обладало огромной притягательной силой, которая побуждала людей к совершенствованию своих моральных качеств. Говоря же о самих пещерах Могао, в течение более тысячи лет развития самой важной их функцией было проповедование и совершенствование культуры и общества.

3.3 Форма пещер Могао

Многие из пещер Могао сочетают в себе традиционный архитектурный стиль Центральной равнины и стиль пещерных храмов Индии и Западного края. По своей форме они в основном делятся на пещеры с центральной колонной, пещеры для медитаций и пещеры с храмовыми залами.

Пещеры с центральной колонной, также называемые храмами с башней, берут начало от буддийских пагод, называющихся на санскрите чайтья. В центре таких пещер располагалась пагода для жертвоприношений. В пещерах Могао пагода претерпела изменения и стала выглядеть как квадратная башенка до потолка, с четырех сторон которой имелись ниши для статуй Будды и бодхисаттв. Такие пещеры были квадратной формы, с треугольной крышей в передней части. Квадратная башенка или колонна устанавливалась в задней части в центре, чтобы монахи с молитвой ходили вокруг нее и созерцали статуи. Наибольшее количество ранних пещер Могао имели как раз такую форму, например № 248, 251, 254, 257 и 260. В эпохи Суй и Тан тоже строили пещеры с пагодой, например № 427, 9, 14 и 39.

Пещеры для медитаций были предназначены для духовного совершенствования, в них монахи медитировали, созерцая статуи. Эти пещеры сформировались по образцу индийских пещер, которые на санскрите назывались вихара, что означало «святая обитель». Эти пещеры были местом, где можно жить и вести быт, а также медитировать. Среди них были кельи монахов, предназначенные для жизни, помещения, отведенные для медитации, а также пещеры, которые служили и для того, и для другого. Вихары делились на однокамерные и многокамерные. Однокамерная пещера была обособленной кельей для медитации, которой пользовался один человек. Многокамерная включала множество келий, где могли совместно медитировать несколько монахов. В комплексе Могао немного пещер для медитаций, например № 268, 285, 487.

Пещеры с храмовыми залами предназначались для молитвенных церемоний и нравственного совершенствования монахов и мирян. Потолок в них имел треугольную форму, поэтому они назывались арочными. Такая архитектура берет начало в традиционных китайских дворцовых постройках в форме шатра, поэтому подобные пещеры появились в комплексе Могао с самого начала, а в синьцзянских пещерах к западу от Дуньхуана эта форма, в свою очередь, встречается редко. Арочные пещеры были прямоугольными, с множеством ниш в западной стене (также иногда выбивали по одной нише в южной, западной и северной стенах или же ниш не было вовсе). В них было много места и хорошее освещение, они подходили для чтения проповедей ученикам монахов и для молитвенных мероприятий мирян. Арочные пещеры Могао считаются малыми и средними по размеру, их сохранилось наибольшее количество. Эта форма была основной, такие пещеры строились в каждую эпоху. Впервые они появились в эпоху Северная Лян, а к периоду Западная Вэй арочная форма уже достигла зрелости. Довольно большой была концентрация таких пещер в эпохи Суй и Тан, а с позднего периода Шестнадцати варварских государств и до эпохи Юань в комплексе Могао беспрерывно Пещера с центральной колонной использовали только эту форму. Типичные арочные пещеры: № 249 эпохи Западная Цзинь, № 296 эпохи Северная Чжоу, № 420 эпохи Суй, № 220 и 323 раннего периода эпохи Тан, № 328 и 45 периода расцвета Тан, № 159 и 156 среднего и позднего периода Тан.

От появления буддийских пещер Бхаджа, Насик и Аджанта в Индии до первой пещеры, выдолбленной в утесе Миншашань в Дуньхуане, прошло несколько сотен лет. За это время комплексы пещер появились в Гандахаре (Пакистан), Бамиане (Афганистан), Термезе (Узбекистан), Кизиле (Синьцзян), Кумторе (Синьцзян), Безеклике (Синьцзян) и прочих местах. С точки зрения архитектуры эти пещеры продолжали индийские традиции. После их проникновения в Китай к исходной форме примешались элементы местной традиционной архитектуры. Таким образом сформировались китайские буддийские пещеры Могао, благодаря форме которых мы наблюдаем переплетение культуры Центральной равнины, Индии и Западного края.

Пещера с центральной колонной

IV

Пещер Цанцзиндун комплекса Могао и рукописи Дуньхуана

В двадцать шестой год правления под девизом Гуансюй (1900) монах по имени Ван Юаньлу с несколькими людьми расчистили песок, накопившийся в пещере № 16 комплекса Могао. В расписанной фресками северной стене центрального прохода они обнаружили дополнительную пещеру площадью один квадратный чжан[1] и высотой шесть чи[2]. Открыв ее, они увидели плотные ряды свитков, канонов, документов, картин на знаменах и прочие культурные реликвии.

Это была пещера Цанцзиндун — хранилище сутр, которое вскоре потрясло весь мир, а документы, в основном написанные на бумаге, первые исследователи назвали «рукописями Дуньхуана».

---

[1] Чжан — традиционная китайская мера длины, равная 3,33 м. — *Примеч. пер.*
[2] Чи — традиционная китайская мера длины, равная ⅓ м. — *Примеч. пер.*

4.1 Открытие пещеры Цанцзиндун и рукописи Дуньхуана

Содержание рукописей Дуньхуана можно назвать всеобъемлющим. 85% от их общего количества представляют собой основополагающие произведения буддизма; также есть материалы, посвященные даосизму, несторианству и манихейству. Документы, не связанные с религией, составляют всего 10%, но при этом они очень богаты по содержанию и касаются древней политики, экономики, военного дела, географии, общества, этнографии, языка, литературы,

статуя монаха Хунбяня. Пещера № 17. Эпоха Поздняя Тан

искусства, музыки, танца, астрономии, календарной системы, математики, медицины, спорта и других областей.

По вступлениям, сохранившимся в рукописях Дуньхуана, можно узнать, что время их написания и печати пришлось на IV–XI вв., соответственно, они охватывают временной промежуток в более чем шестьсот лет. Самая ранняя из известных рукописей Дуньхуана той эпохи — это «Вималакирти-сутра», написанная Ваном Сянгао во времена династии Поздняя Лян в пятый год правления под девизом Линьцзя (393).

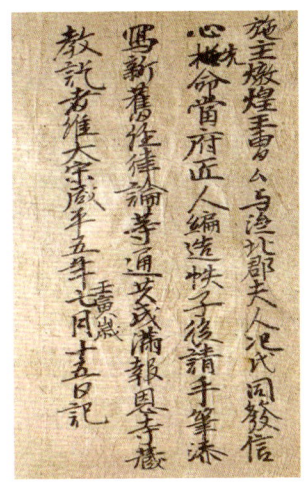

Рукопись пятого года правления под девизом Сяньпин династии Северная Сун

Сейчас она находится в коллекции Шанхайского музея. Последняя из известных рукописей Дуньхуана была написана на пятый год правления под девизом Сяньпин (1002) эпохи Северная Сун. Это введение к канонам, составленное и записанное мастером дворца по велению правителя Дуньхуана Цао Цзуншоу и его жены Фань-ши. В настоящее время этот документ хранится в Санкт-Петербурге в собрании Государственного Эрмитажа.

Большинство рукописей Дуньхуана было написано в периоды Поздняя Тан, Пяти династий и ранние годы эпохи Сун. Большая часть написана от руки, также есть несколько эстампов и документов, напечатанных ксилографическим способом. Переплеты книг отличаются разнообразием, включают почти все формы, которые использовались в древних документах, однако большинство рукописей представлено в виде свитков. Встречаются переплеты, типичные для буддийских канонов, документы, сложенные гармошкой, переплеты «вихрь»[1], ранние переплеты «бабочка»[2] и переплеты с корешком.

Тексты рукописей Дуньхуана в основном китайские, также сохранились многочисленные древние документы на языках некитайских народностей. Среди них наибольшую долю занимают рукописи на языке династии Тубо (древнетибетском), а также встречаются уйгурские, хотанские, согдийские, санскритские и другие документы.

Содержание рукописей Дуньхуана затрагивает все аспекты общественной жизни. Почти все они написаны людьми того времени и представляют собой различные записи, касающиеся социальной политики, экономики и культурной жизни. Эти документы являются первоисточниками, способными объективно отразить социальную действительность того времени, поэтому их называют океаном научного знания, энциклопедией общественной жизни средневекового Китая. Хотя большинство рукописей не сохранилось в полном виде, это единственные дошедшие до наших дней правительственные архивы, светские и храмовые документы эпох Вэй, Цзинь, Суй, Тан, Пяти династий и ранних лет эпохи Сун. Благодаря анализу и исследованию рукописей мы получим новые знания и представления о тех временах, дадим новый толчок к изучению этого исторического периода. Поэтому рукописи

---

[1] Переплет «Вихрь» — древнекитайская разновидность переплета книг. Листы бумаги разной длины склеивали по левому краю, после чего скрепляли бамбуком и ниткой. Книга скручивалась в свиток, который в раскрытом состоянии напоминал вихрь.

[2] Переплет «Бабочка» — древнекитайская разновидность переплета книг. Листы бумаги складывали пополам и склеивали между собой у сгиба, формируя корешок. Страницы в открытой книге напоминали крылья бабочки, отсюда и возникло название.

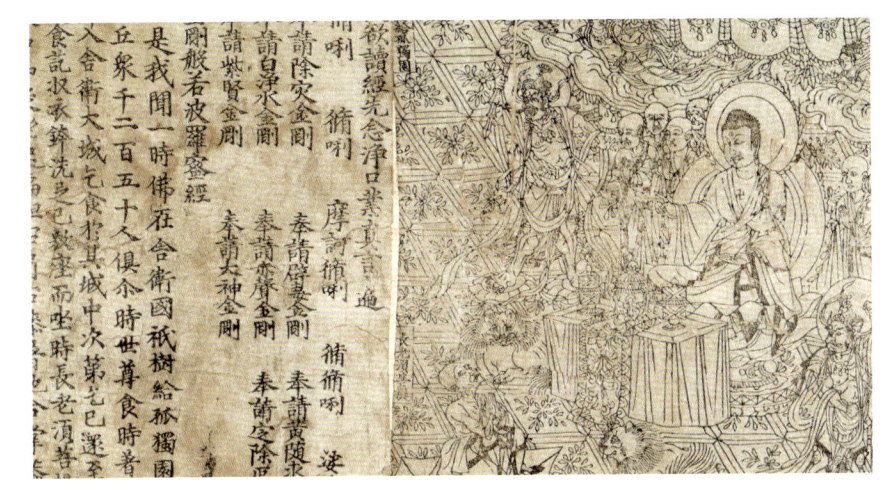

Ксилографическое издание «Алмазной сутры» девятого года правления под девизом Сяньтун (868) династии Тан

Дуньхуана имеют чрезвычайно важное академическое значение для исследования общественной, экономической и культурной истории Китая начиная с эпохи Вэй и заканчивая эпохой Сун.

4.2 Религиозные рукописи, представленные в наибольшем количестве

Самым ранним печатным экземпляром буддийского канона среди документов Дуньхуана является «Ваджраччхедика Праджняпарамита сутра», или «Алмазная сутра», датируемая девятым годом правления под девизом Сяньтун (868) эпохи Тан. В 1907 году она была похищена Марком Аурелем Стейном, венгерским археологом и подданым Британской империи, и сейчас хранится в Британском музее в Лондоне. Это целостный неповрежденный свиток, который состоит из семи листов бумаги одинаковой площади. Каждый лист имеет 76,3 сантиметра в длину

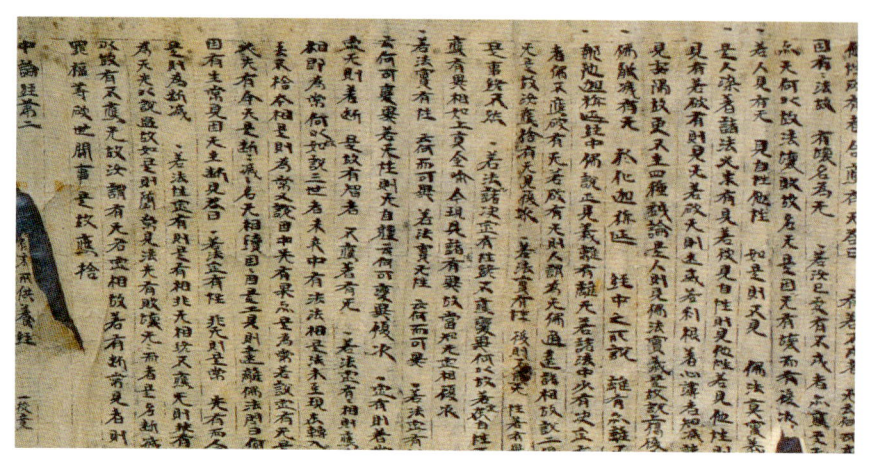

Ранняя рукопись канона

и 30,5 сантиметра в ширину, а длина всего свитка составляет около 534 сантиметров. В начале свитка есть два изображения Будды Шакьямуни, а остальные части представляют собой полный текст «Алмазной сутры». В конце свитка можно найти строку посвящения: «Ван Цзе напечатал сей текст в память о преставившихся родителях пятнадцатого числа четвертого месяца девятого года правления под девизом Сяньтун и записал сие посвящение, молясь о спасении мира в буддийском учении». Этот всемирно известный свиток с четко обозначенной датой представляет собой ранний печатный материал, составленный в Китае. Также он является самым ранним сохранившимся буддийским писанием с обозначенной датой в мире, поэтому прославился как венец истории мирового книгопечатания и искусства эстампирования.

Содержание буддийских писаний из пещеры Цанцзиндун очень сложно и хаотично, оно охватывает каноны почти всех буддийских школ. Здесь есть и «Да чжи ду лунь» («Великий Трактат о Запредельной Мудрости») школы *тяньтай*, и «Чэн вэй ши лунь»

(«Трактат об установлении только сознания») школы *вэйши* («школа только сознания»), и «Йогачарабхуми шастра» («Трактат о ступенях йогического делания») школы *йогачара*. Также среди буддийских канонов Дуньхуана имеются каноны (*сутры*), заповеди (*виная*) и наставления (*абхидхарма*), то есть три раздела буддийских книг (Трипитака). Под сутрами понимаются каноны, излагающие учение основателя буддизма Будды Шакьямуни, виная — это религиозные предписания, правила, регулирующие и объясняющие подробности жизни и поведения последователей буддизма, абхидхарма — это систематизация учений, изложенных в сутрах. Буддийские каноны также называются «Цанцзин»: «Цан» означает сбор и сохранение различных буддийских текстов, «цзин» означает «нить», обретя которую, можно полностью постичь смысл принципов и постулатов буддизма. Также иероглиф «цзин» («канон») включен в обозначение буддийских писаний, как и в название конфуцианского «Пятикнижия» («У-цзин»). Буддийские труды назвали «цзин» с целью выразить уважение и почтение этим книгам. Кроме того, буддизм описывает классические произведения с точки зрения принадлежности или непринадлежности буддизму и называет каноны, относящиеся к буддийской религии, *нэйдянь* («внутренние каноны»), а светские книги и каноны прочих религий — *вайдянь* («внешние каноны»).

Особенно ценно в буддийских писаниях Дуньхуана то, что многие каноны снабжены введением или посвящением. Им сопровождал текст канона переписчик, сам или по поручению того, кто выделял средства на написание канона. Объем посвящения мог быть от нескольких до сотен иероглифов. Обычно оно помещалось после основного текста канона. Содержание посвящений было самым разным. В посвящениях к канонам, которые издавали местные органы власти, обычно записывались даты написания, имя переписчика, количество использованных листов, имя оформителя,

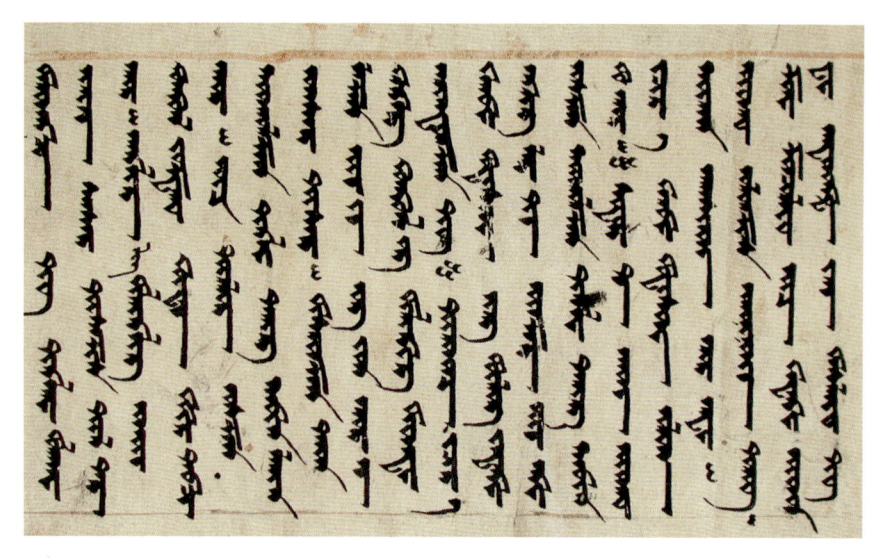

Рукопись на древнеуйгурском языке

имена тех, кто проводил первую, вторую и третью вычитку канона, имена тех, кто перечитал канон и под чьим наблюдением он писался. Например, в каноне «Шэн» № 24 и «Жунь» № 96 Пекинской библиотеки «Копия и комментарий "Вималакирти-сутры" из Гуаньчжуна» ("Цзинмин цзин Гуаньчжун ши чао") посвящение звучит следующим образом:

«Девять династий сменилось уже до воцарения нынешней династии. Перевод данного канона распространяется в шести экземплярах: первый был создан в Восточной Хань при императоре Лин-ди приверженцем буддизма из Линьхуая Янь Фодяо. В Баймасы в Лояне он перевел два канона под названием "Вималакирти-сутра". Второй перевод выполнен при Сунь Цюане династии У. *Упасака*[1] Чжи Цянь из страны Юэчжи перевел в Укане три свитка, что назывались "Канон

---

[1] Упасака (санскр. «рядом, подле») — мужчина-мирянин, последователь буддизма, который соблюдает пять обетов: не убивать живых существ, не лгать, не воровать, не изменять, не употреблять опьяняющих напитков.

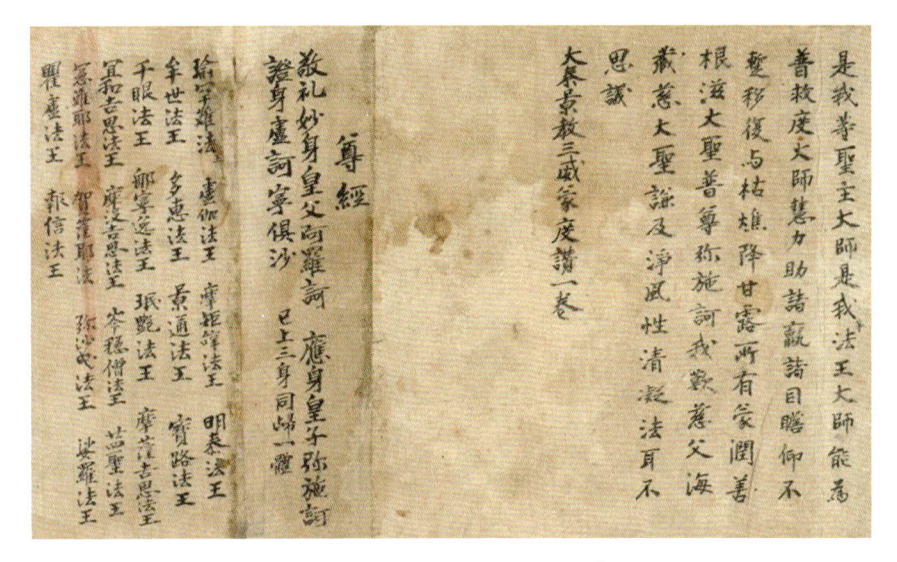

Рукопись несторианского канона

глубинного учения, изложенного Вималакирти". Третий перевод создан при Сыма [Янь], императоре У-ди династии Западная Цзинь. Буддийский монах Чжу Фаху (Дхармаракша), выходец из Западного края, знал языки тридцати шести иноземных государств и перевел в Лояне один свиток, что назывался "Канон о пути к познанию, о котором говорил Вималакирти". Четвертый перевод создан был при императоре Хуэй-ди династии Западная Цзинь. Монах из Западного края Чжу Шулань на шестой год Юанькан в Лояне перевел три свитка, что называются "Пимолоцзе цзин". Пятый перевод создан в период правления Яо Сина династии Поздняя Цинь. Буддийский наставник Кумараджива на восьмой год Хунши в большом храме в Чанъане перевел три свитка, что назывались "Канон Вималакирти". Сей переводной текст ныне и переписывается. Шестой перевод на двадцать первый год Чжэньгуань империи Тан создал великий наставник Трипитаки Сюаньцзан. Он перевел в храме Дацыэнь в Чанъане шесть свитков под названием "Канон Прославленного непорочностью" ("У гоу чэн цзин")».

Это посвящение четко описывает, как переводилась «Вималакирти-сутра», что очень важно для изучения истории перевода буддийских канонов. Существует еще много подобных посвящений с богатым содержанием. Все они имеют огромную ценность для понимания причин перевода, переписывания и распространения канонов, популярности определенных канонов в различные периоды, верований народа и социального фона тех эпох.

Среди рукописей Дуньхуана сохранилось более 800 копий даосских канонов и соответствующих документов. Из них 170 канонов на 230 свитках удалось идентифицировать или предположить, каким канонам они соответствуют. В их число входят 80 канонов, не собранных в «Сокровищницу дао»[1] («Дао цзан»), также есть 30 свитков 18 канонов, которые могут дополнить упущения в соответствующих канонах «Сокровищницы». Большая часть дуньхуанских даосских документов не встречается в дошедшей до нас «Сокровищнице», при этом 20 из них есть в «Списке канонов, отсутствующих в "Сокровищнице дао"». Они представляют собой каноны, включенные в «Сокровищницу» эпохи Тан, которая была утрачена во время сожжения книг в эпоху Юань. Эти даосские рукописи имеют огромную ценность для изучения истории даосизма в период Южных и Северных династий, а также Суй и Тан. «Дао дэ цзин» Лао-цзы является одним из основополагающих канонов даосизма, и в Дуньхуане сохранился ряд его копий, благодаря которым можно восполнить недостающие места в

---

[1] «Сокровищница дао» — каталог, где собраны различные даосские каноны. Существует несколько версий этого каталога, поскольку даосизмом увлекались императоры разных эпох. Дошедший до наших дней каталог — это «Сокровищница» эпохи Мин. Тогда же был составлен список недостающих канонов, уничтоженных в эпоху Юань. К счастью, копии данных канонов были найдены в Дуньхуане. — *Примеч. пер.*

текстах. «Канон о Лао-цзы, просвещающем варваров» («Лао-цзы хуа ху цзин») имеется среди рукописей Дуньхуана в десяти копиях. Они были повреждены, но все же предоставляют важный материал для изучения отношений между буддизмом и даосизмом.

Кроме того, среди рукописей Дуньхуана были обнаружены каноны несторианства, манихейства, зороастризма и прочих религий, например «Восхваление трех сокровищ сияющей религии [из] Да Цинь[1]» («Да Цинь цзинцзяо сань вэй мэн ду цзань»), «Несторианская Библия», «Библейский псалтырь на сирийском языке», «Свиток китайского манихейского гимна». Эти каноны предоставляют важные справочные данные для изучения разных религий и их распространения в Китае.

Также очень ценными являются религиозные источники на тибетском, древнеуйгурском и прочих некитайских языках, которые в немалом количестве встречаются среди рукописей Дуньхуана.

4.3 Утраченный танский текст «Жалобы женщины [из земель] Цинь» и литературные документы

Эпическая поэма «Жалобы женщины [из земель] Цинь» («Цинь фу инь») известного поэта эпохи Тан Вэй Чжуана включает в себя 1 666 иероглифов. Это редкое монументальное произведение для классической поэзии Китая. Поскольку автор впоследствии стал высокопоставленным чиновником царства Ранняя Шу (907–925), его

---

[1] Да Цинь, или Великая Цинь, — китайское название Римской Империи. — *Примеч. пер.*

произведения были запрещены, из-за чего поэма была полностью утрачена и не включена в сборник поэзии эпохи Тан. Однако в начале XX столетия историк и филолог Ван Говэй обнаружил ее среди рукописей Дуньхуана, упорядочил и опубликовал, что привлекло пристальное внимание литературных кругов. Сегодня известно десять поврежденных копий «Жалоб женщины [из земель] Цинь». Соединив их, можно восстановить всю поэму. Самой ранней и полной копией поэмы Вэй Чжуана является свиток P.3381 — с момента написания поэмы до его появления прошло всего лишь 22 года. Другая, относительно поздняя копия появилась через шестьдесят–семьдесят лет после кончины Вэй Чжуана. Она дает представление о распространении стихотворения. Обе рукописи имеют огромную литературную ценность.

Поэма представляет собой рассказ женщины, взятой в плен Хуан Чао[1], о хаосе, который царил в Чанъане до и после взятия города повстанцами. Поэт сам был свидетелем смутных времен восстания,

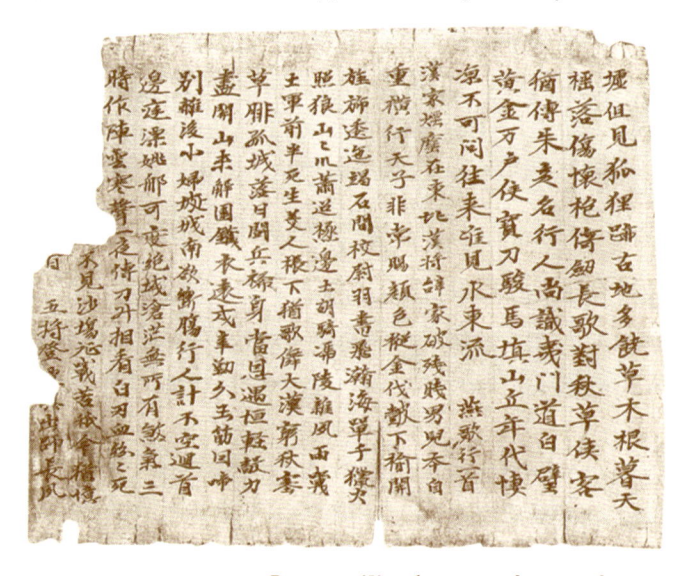

Рукопись «Жалоб женщины [из земель] Цинь»

[1] Хуан Чао (?–884) — китайский повстанец. Возглавлял крестьянское восстание 874–901 гг. — *Примеч. пер.*

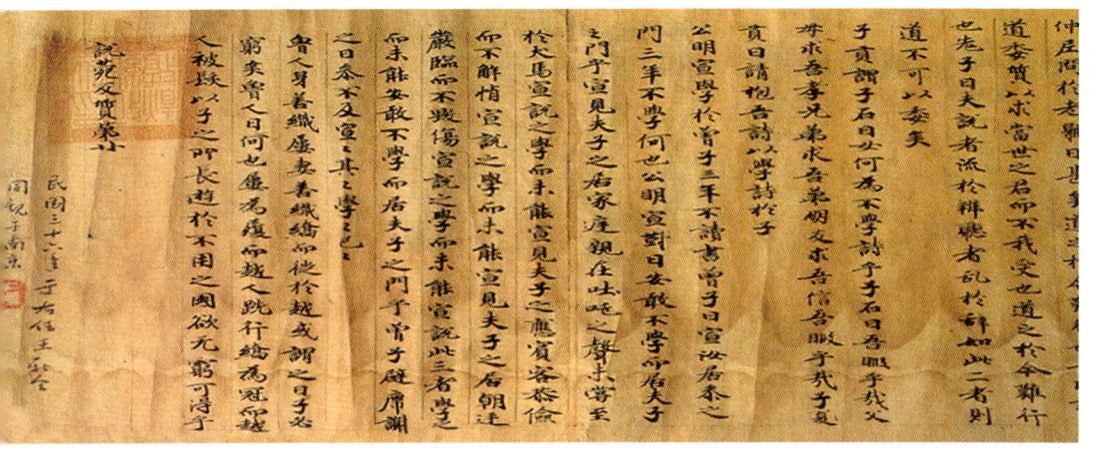

Рукопись «Сада историй» («Шоюань»)

был вынужден скитаться. Вэй Чжуан применил в высшей степени обобщенный реалистический подход, написав свое сочинение как историк и вдохновленный поэт. Он развернул перед читателем грандиозные картины истории, глубоко отобразив в произведении реальное положение дел в танском обществе в период крестьянских восстаний. Поскольку эти рукописи большей частью представляют собой копии, сделанные учащимися храмовых школ, они также отражают содержание и методы преподавания поэзии в храмовых школах тех времен. Кроме того, они имеют особое значение для истории древней литературы и истории школьного образования.

Среди рукописей Дуньхуана немало литературных произведений, которые в целом можно разделить на две категории. Первая — это рукописи произведений, дошедших до наших дней. Основными из них являются «Ши цзин» Мао Хэна и Мао Чана, антология «Избранные произведения изящной словесности» («Вэньсюань»), а также сборники «Новые напевы Нефритовой башни» («Юйтай синьюн») и «Сборник ученого мужа Чжу Ина» («Чжу Ин сюэши цзи»). К ним же относятся антологии с неизвестными названиями, например, сборник поэзии эпохи Тан, сборники стихов одного поэта, например, «Посмертное собрание поэзии Чэнь Цзыана» («Гу Чэнь Цзыан ицзи»), «Сборник стихов Бо Цзюйи» («Бо Цзюйи шицзи»), «Комментарии [к] разным напевам Ли Цзяо» («Ли Цзяо цзаюн чжу»). Также в этой категории есть множество сочинений по теории китайской классической литературы, таких как «Резной дракон литературной мысли» («Вэнь синь дяо лун»). Хотя большинство свитков повреждены или не сохранились вовсе, даже копии произведений, которые дошли до наших дней, представляют огромную ценность для изучения.

Вторая категория рукописей — это документы, относящиеся к фольклорной литературе и народному творчеству. Материалы из Дуньхуана, связанные с этими областями литературы, привлекли наибольшее внимание исследователей. Произведения, представленные *бяньвэнь*, поэзией на *байхуа* (разговорный стиль), мелодиями *цы*, популяризованными стихотворными *фу*, повестями *хуабэнь*, художественной прозой *сяошо*, качественно отличаются от традиционной «подлинной» литературы и представляют собой скопление важных материалов. Согласно записям в буддийских писаниях и исторической литературе, бяньвэнь — это популярные произведения в устной стихотворной или песенной форме, появившиеся на основе переложений канонов или исторической классики. Они имеют тесную связь с традиционной поэзией фу, прозой *саньвэнь*, цы, проповедническими *баоцзюань*, сяошо и живописью. Бяньвэнь представляют собой жанр, без которого немыслимо развитие китайской литературы. Поэтому, едва эти произведения были обнаружены в Дуньхуане, научные круги тут же ими заинтересовались.

В эпохи Суй и Тан был популярен поэт Ван Фаньчжи. В записях эпохи Сун можно найти разрозненные заметки о нем и его стихах, однако большинство его произведений было утеряно. Среди рукописей Дуньхуана удалось обнаружить более тридцати сохранившихся рукописей Ван Фаньчжи. Ученые уже структурировали почти четыреста стихов, что в значительной степени обогатило знания наших современников об идеях этого поэта и социальной реальности, в которой он жил.

В Дуньхуане найдено множество произведений разнообразных жанров, богатых по идейному содержанию и художественному стилю. Эти находкипозволили не только насладиться красотой литературы, но и провести научные исследования, найти ответы на вопросы истории китайской литературы и китайского фольклора, такие как происхождение и трансформация слов, возникновение повести хуабэнь и жанра баоцзюань, литературные контакты Китая и прочих государств. Кроме того, рукописи Дуньхуана помогают более глубоко проникнуть в связи между народной литературой и творчеством образованных людей.

4.4 Различные юридические и экономические документы

В пещере Цанцзиндун обнаружено огромное количество различных документов, включающих в себя многочисленные сведения об общественной жизни Дуньхуана в эпоху Тан и период Пяти династий. Например, юридический документ № P.3257 времен правления Цао Юаньчжуна в Гуйицзюнь о судебном деле, касающемся права собственности на землю.

В некий день двенадцатого месяца второго года правления под девизом Кайюнь (946) династии Поздняя Цзинь вдова Алун подала жалобу начальнику округа Шачжоу Цао Юаньчжуну. Она просила Со Фону вернуть ей 22 му земли, которые он занял более десяти лет назад по системе распределения земли в личном владении, чтобы обеспечить ей средства к существованию. Семнадцатого числа того же месяца Цао Юаньчжун повелел начальнику стражи Ван Вэньтуну рассмотреть это дело.

Начальник стражи быстро выяснил, как обстоит дело. Сын Алун Со Ичэн более десяти лет назад был осужден и сослан в Гуачжоу. 22 му земли, которые они унаследовали от предков, Со Ичэн передал своему дяде Со Хуайи, чтобы тот занимался земледелием. Они подписали договор передачи земли, в котором определялось, что Со Хуайи, возделывающий участок, может приобрести весь собранный урожай, но должен платить земельный налог за пользование этой землей и отбывать соответствующую трудовую

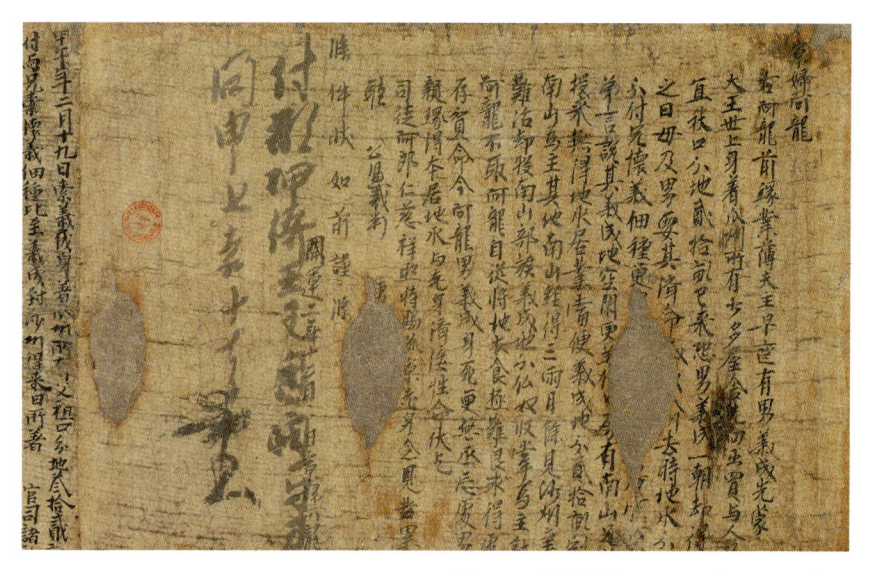

Документ № P.3257, содержащий историю Алун

повинность. Еще один член семьи Со, Со Цзиньцзюнь, с детских лет жил среди племен тогон на горе Наньшань, поэтому, разделяя между собой имущество, семья Со не могла принять его во внимание и для него не осталось никакой земли и жилища. Вскоре после того, как Со Ичэн был сослан в Гуачжоу, Со Цзиньцзюнь украл у наньшаньского племени двух коней и вернулся в Шачжоу. Власти Гуйцзюнь приняли у него одного коня и вручили определенную награду. Со Цзиньцзюнь подал прошение о распределении земли под предлогом того, что хочет на ней поселиться, и местные органы власти отвели ему 22 му земли, которые Со Ичэн сдал в аренду Со Хуайи. Со Хуайи не знал об этом распределении, поскольку в то время пас казенных коней вне своего дома. Вернувшись, он не пошел к местным властям, чтобы заявить о принадлежности этой земли, так как на самом деле она ему не принадлежала. А Алун хотела заявить о праве собственности на землю в органы власти, но волновалась, что ее могут подвергнуть порицанию, а жалобу не рассмотрят, так как член ее семьи обвинен в преступлении.

Со Цзиньцзюнь, который долгое время жил среди племен горы Наньшань, мало знал об обработке земли. Поэтому, пожив в Дуньхуане несколько месяцев, он остался недоволен тяготами своей жизни и вернулся на Наньшань. 22 му его земли унаследовал младший сородич Со Фону. Теперь же Со Ичэн скончался в Гуачжоу, а престарелая Алун жила с малолетним внуком Со Синтуном. Они с трудом перебивались, терпели голод, холод и нужду. Тогда вдова Алун подала жалобу, требуя, чтобы Со Фону вернул ей участок в 22 му.

Начальник стражи Ван Вэньтун провел расследование и собрал доказательства: жалобу Алун, договор о возделывании земли Со Ичэна и Со Хуайи, допрос Со Фону, письменные показания Алун и Со Хуайи. Он скрепил вместе эти пять документов и предоставил их цзедуши Шачжоу Цао Юаньчжуну. Двадцать второго числа двенадцатого месяца того же года Цао Юаньчжун лично дал указание отстаивать первоначальные решения местных властей и заботиться о правах и интересах бедных и слабых людей. Поэтому аннулировать передачу земли Со Цзиньцзюню было невозможно, однако Со Цзинцзюнь уже вернулся на Наньшань, соответственно, пользование и доход с земли должны были находиться в ведении Алун и ее внука. Так обычный спор о праве собственности на землю между простолюдинами прошел через четыре основные стадии судебного процесса: подача иска, возбуждение дела, расследование и сбор доказательств, вынос приговора и завершение дела. Также этому делу большое внимание уделил сам цзедуши, что свидетельствует о тесной связи экономики и социальной стабильности в Дуньхуане того времени.

Стоит отметить, что это дело совпадает с современным порядком рассмотрения гражданских дел в том, что расследование и сбор доказательств в основном ведутся посредством допроса. К делу прилагаются не только письменные доказательства (договор о сдаче земли в аренду), но и показания сторон (поручителя, поверенного). По завершении дачи показаний стороны ставили свои подписи, что формировало целостную систему доказательств. Эти письменные

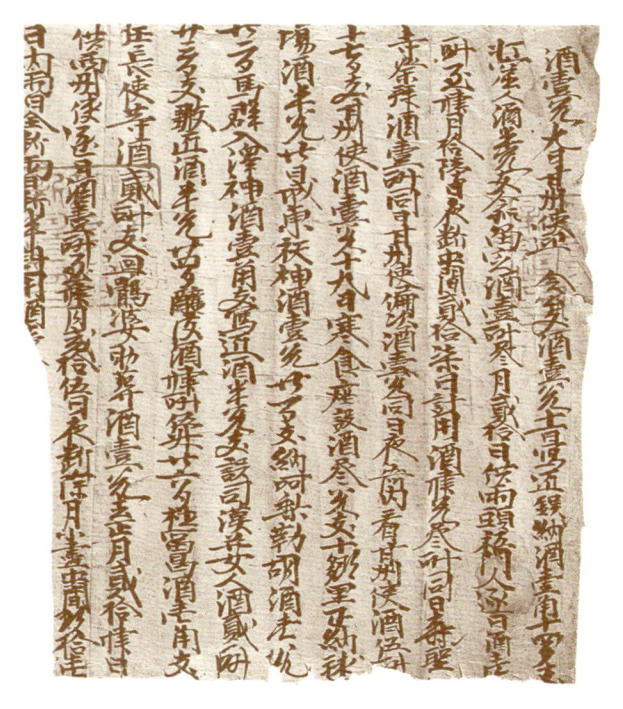

Рукопись повинной счетной книги

документы отражают различные элементы правовой системы, в том числе земельную систему, систему сбора доказательств, систему юридической силы договора, что позволяет нам составить более полное представление об авторитете традиционной китайской правовой культуры в западных регионах, а также глубоко вникнуть в специфику сбора доказательств в ту эпоху.

Субьектами права в эпоху Тан были законы (*люй*), приказы (*лин*), нормы (*гэ*) и правила (*ши*). До наших дней полностью дошли только своды законов эпохи Тан и комментарии к ним. Приказы, нормы и правила исчезли после эпохи Сун, а среди рукописей Дуньхуана сохранились лишь поврежденные свитки с ними. Однако даже в таком виде они являются ценными материалами о реальном облике юридических документов эпохи Тан, а также важными источниками для сбора утраченных текстов танских приказов, норм и правил. Например, в «Правилах Министерства водных путей периода Кайюань» («Кайюань шуйбу ши») подробно описываются системы управления водными каналами и мостами в эпоху Тан и соответствующие обязанности правительственных органов всех уровней. Эти правила не только предоставляют ценный материал для изучения системы управления водными ресурсами, но и могут служить для восполнения недостающих записей в соответствующих разделах «Шесть устоев [эпохи] Тан» («Тан лю дянь»), «Новой книге [об эпохе] Тан» («Синь Тан шу»), «Старой книге [об эпохе] Тан» («Цзю Тан шу»). Также этот документ дает конкретное представление о содержании, форме и модели построения правил в эпоху Тан, что облегчает сбор юридических текстов.

В рукописях Дуньхуана содержится более трехсот договоров, подобных документу № P.3257 «Официальное послание начальника стражи Ван Вэньтуна в Гуйицзюнь в Хэси в двенадцатый месяц второго года Кайюнь Поздней Цзинь (946) и соответствующие документы». Они включают в себя доверенности, договоры о купле-продаже, сдаче взаймы, найме, сдаче земли в аренду, документы о разделе семейного имущества, выдаче женщины замуж и др. Большинство этих документов представляют собой деловые бумаги, которые использовали люди того времени, в них указаны реальные имена и фамилии. Тексты многих соглашений связаны с храмами и предоставляют нам новые данные о храмовом хозяйстве того времени. Все эти договоры отражают социальные и экономические условия тех времен и не имеют аналогов по своей ценности для понимания экономических условий в Древнем Китае.

Среди рукописей Дуньхуана, связанных с экономикой, есть записи о реальном состоянии, счета, документы о месте жительства, податные ведомости и другие документы. В эпоху Тан простые люди должны были каждый год достоверно докладывать о количестве членов семьи, площади земельного участка и его местоположении. Эти сведения собирались в деревнях и передавались в округа и уезды. Современники называли эти документы «записи о реальном состоянии». Власти округов и уездов на основе этих записей каждые три года выдавали один документ о месте жительства. Данные о каждом дворе в записях о реальном состоянии и документах о месте жительства были более сложными и комплексными, чем в современных домовых книгах. Они имеют большую ценность для изучения населения, земельной системы и системы налогообложения в древности.

Податные ведомости — это счетные книги, которые составлялись в каждом уезде для описания трудовых повинностей. Они лично утверждались начальниками уездов и служили основанием для отсылки простолюдинов на отбывание трудовой повинности.

Среди рукописей Дуньхуана сохранились, например, «Податная ведомость уезда Дуньхуан округа Дуньхуан в годы Тяньбао эпохи Тан» и «Податная ведомость уезда Дуньхуан округа Шачжоу в годы Дали эпохи Тан». Все ведомости были составлены по деревням и содержали две части. В первой была опись умерших и беглых людей в деревне, то есть тех, кто фактически там уже не проживал. Во второй части по порядку крестьянских дворов приводилась опись людей, оставшихся в деревне: их имена и фамилии, возраст, статус и выполненные повинности. Эти документы предоставили чрезвычайно важные данные о податной системе и ее исполнении в эпоху Тан.

4.5 Свитки с шаблонами писем

В эпоху Тан люди пользовались образцами и шаблонами писем, которые называются *шуи*. В пещере Цанцзиндун были найдены шаблоны писем, которые можно подразделить на письма друзьям, общие шаблоны и доклады вышестоящим чиновникам.

Среди рукописей Дуньхуана сохранилось десять с лишним шаблонов дружеских писем. Их содержание можно разделить на две части. Первая часть — это формы выражений в письмах, помогающие описать год, месяц, день и различные сезоны, она называется «различительные тексты двенадцати фаз луны». Вторая часть — это сами тексты писем, они распределены помесячно. На каждый месяц приходится образец одного письма и ответа на него. Содержание большинства шаблонов предполагает, что путешественники, странствующие на далеких пограничных заставах, пишут своим друзьям с Центральной равнины, а те отправляют ответные письма (*дашу*) из других. В письмах использовался парный стиль с четырьмя и шестью иероглифами в строках. Слог отличается изяществом, аккуратностью построения парных строк. Письма полны искренних чувств, в них цитируются классические сюжеты. Например, в письме для четвертого месяца есть такие строки: «Четвертый месяц — первый месяц лета, и постепенно приходит тепло. Я далеко, за тысячу ли, от моего друга, и я не переставая думаю о нем и досадую, что не могу с ним встретиться. Вокруг меня высятся горы, и горько мне, что долго досюда идет письмо от моего друга. Думаю о вас, друг мой, в Яоду, горюю, что сам я в землях дальних. Тяжело страннику на чужбине. Брожу я вдоль границ, и сердце мое одолевают глубокие думы. Каждое утро смотрю я на восток, но вижу лишь вздымаемую ветром пыль. День ото дня тоскую я по другу, и скорбь объемлет мою душу…» Хотя это в основном шаблонные вежливые фразы, однако они цветисты и изящны, звучат гармонично, в них есть поэзия. Такое письмо может больше взволновать читателя, чем чтение прозы саньвэнь. Использование шаблонов для писем, естественно, имело лучший эффект, чем самостоятельное составление текста.

Общие шуи также называются «письмами о счастье и беде». Из них можно узнать почти обо всех сторонах жизни простых людей в эпоху Тан: наименования подарков, которые в праздничные дни государь дарил подчиненным, а главы семей — младшему поколению; годовщина смерти государя и мероприятия, проходящие в этот день; истоки праздников и количество дней, когда никто не работал; порядок свадебных и траурных обрядов; фасон и степени траурной одежды; семейные устои и этикет; поминальные речи, которыми выражают почтение детям умершего, и др. Эти письма — очень ценные источники знания о социальной истории Китая.

Шаблоны докладов вышестоящим в основном представляют собой наброски служебных докладов и прочих казенных бумаг, в которых содержатся устоявшиеся выражения, принятые в служебной переписке. Но также среди них есть письма, донесения, которые отправляли друг другу друзья. Существует двадцать с лишним шуи, например «Сборник обращений к властям Гуйицзюнь», «Шуи начальников округов», «Собрание текстов делопроизводителей», «Доклады цзедуши высочайшей храбрости» и другие письма. В поздний период Тан и эпоху Пяти династий подобных документов было очень много, в основном это была официальная корреспонденция. Хотя в ней довольно много шаблонных выражений, она иллюстрирует отношения между наместниками и центром, а также между помощниками наместников и цзедуши.

4.6 Географические описания и народные обычаи

Среди рукописей Дуньхуана были найдены невероятно ценные географические описания эпох Тан и Пяти династий, основными из них являются «Карта губернаторства Шачжоу» («Шачжоу дудуфу туцзин»), «Западный путь» («Ситянь луцзин»), «Географическое описание

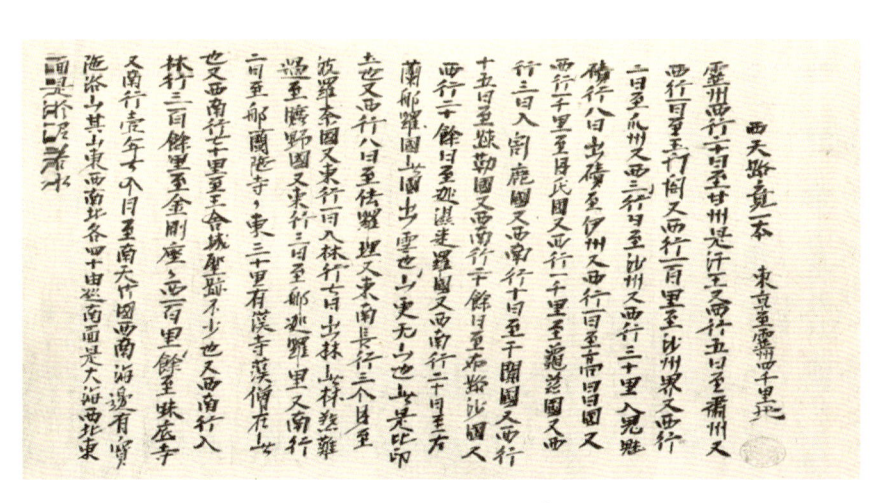

Рукопись географического описания «Западные пути»

Шачжоу и Ичжоу» («Шачжоу Ичжоу дичжи»), «Карта Сичжоу» («Сичжоу туцзин»), «История о хождении Хуэйчао в Древнюю Индию» («Хуэйчао ван Утяньчжуго чжуань»), «Краткое описание названий всех гор, рек и местностей» («Чжу дао шань хэ ди мин яолюэ») и «Летопись о деяниях древности в Гуачжоу и Шачжоу» («Гуа Ша гуши синянь»). Они отражают, какими были историко-географические описания местности в период расцвета империй Тан и Сун, и поэтому занимают важное место в истории географических описаний в Китае. Например, свитки «Карты губернаторства Шачжоу» дают краткое представление о картах в эпоху Тан. Прежде это были самые ранние карты, дошедшие до наших дней. Однако потом были обнаружены «Западные пути» и «Карта Яньчжоу», которые появились на четыре века раньше, в эпоху Северная Сун. Эти документы расширяют наше видение и помогают исправить некоторые неверные представления, ходившие в краеведческих кругах.

Официальные краеведческие документы Дуньхуана отличаются убедительностью и подробностью повествования, богатым содержанием и ценностью многочисленных исторических материалов. Они крайне важны для исследования Дуньхуана эпох Тан и Пяти Династий, а также для изучения истории, общества, географии, коммуникаций, экономики и религии северо-западных пограничных регионов. Например, существуют записи об окружном городе Дуньхуане, городах Хэцан, Сяогу, Гучан и Гусай, заставах Янгуань и Юймэньгуань, городах Шоучан, Гуачжоу, Чанлэ, Сюаньцюань, а также Шичэн, Туньчэн, Синьчэн и Путаочэн в районе древнего королевства Лоулань. Эти географические описания куда более полные и точные, чем в официальных династийных хрониках, по ним можно определять местоположения этих городов для раскопок. Также эти описания помогают исследовать истоки древних городов в засушливых районах Северо-Запада, их структуру и закономерности формирования системы городов и поселков. Так, в свитке № Р.2005 перечислены девятнадцать почтовых станций, подробно описаны местоположения и обстоятельства учреждения почтовых станций и трактов, находящихся в ведении Шачжоу. В свитке № Р.5034 перечислены шесть дорог, которые вели со всех сторон к городу Шичэн в древнем королевстве Лоулань, с

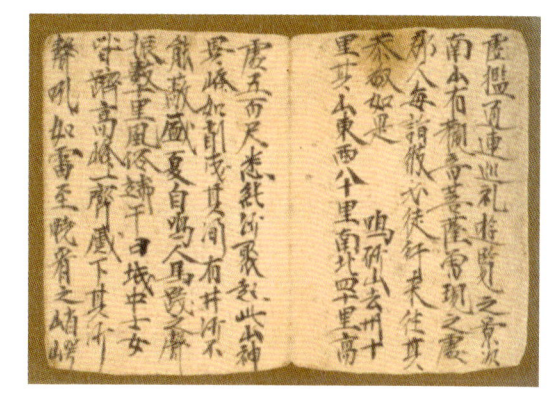

Свиток из Дуньхуана, описывающий обычай скольжения по песку

подробным описанием направления, протяженности и поверхности каждой из них. Кроме того, в описании указано наличие или отсутствие на дорогах луга, источников воды и опасных обрывов, а также в какой сезон по ним можно ездить. Эти материалы более конкретные, чем информация в разделах официальных хроник, таких как «Географические описания» или «Описания иноземцев». Они представляют огромную ценность для изучения древних дорог Шелкового пути и изменений, которые произошли с естественным окружением дорог с древних времен до наших дней. Также они открывают новые области для географических исследований.

В географических рукописях Дуньхуана также есть много записей о местных народных обычаях того времени. Например, в документе № S.5448 «Записки о Дуньхуане» в параграфе «Горы Миншашань» написано, что в Дуньхуане во время праздника Дуаньуцзе[1] было

---

[1] Дуаньуцзе (Праздник двойной пятерки, Праздник начала лета, или Праздник драконьих лодок) — традиционный китайский праздник, который отмечают на пятый день пятого месяца по лунному календарю (отсюда и название «двойная пятерка»). В этот день обычно проводят состязания на драконьих лодках и едят цзунцзы (треугольнички из клейкого риса, завернутые в листья бамбука или тростника).

принято подниматься на гору и соскальзывать вниз по песку: «Удивительна эта гора, пик ее словно срезан, в нем есть похожее на колодец углубление, которое не закрывалось песком и которое звучно гремело в разгар лета, когда ступали туда кони и люди, и звук разлетался на десятки ли. Обычай был таков, что в день Дуаньуцзе девушки и юноши из города восходили на пик и вместе скатывались вниз по песку, и звук его был подобен грому. Когда же поднималась утренняя заря, как прежде смотрелся уже крутой утес, словно никто на нем по песку не скользил». В отрывке про похожее на колодец углубление имеется в виду озеро Юэяцюань — известная теперь туристическая достопримечательность. Этот древний обычай сохранился до наших дней. На праздник Дуаньуцзе в 1990 году фольклорное общество Дуньхуана организовало скольжение по песку на горе Миншашань. Им и впрямь удалось добиться громкого звука, который, судя по приборам, достигал 67 децибел. Людям, скользившим по песку, казалось, что горная долина сотрясается, а их тело словно подбрасывает вверх.

В рукописях Дуньхуана описаны разные обычаи, которые касаются пищи, одежды и украшений, строительства и путешествий, свадеб и траура, образования и религиозных верований, социального этикета. Научный сотрудник Исследовательского института Дуньхуана Тань Чаньсюэ рассчитал по сведениям из свитков, что за год в Дуньхуане проводилось не менее сорока народных праздничных мероприятий, в среднем на месяц приходилось три мероприятия, а в некоторые месяцы их, возможно, было по пять–шесть. Далее приводится краткое описание части праздничных мероприятий в Дуньхуане.

Первый месяц: встреча Нового года по лунному календарю, начертание надписей на дощечках для привлечения счастья, ежегодное поклонение предкам, новогодние пляски, жертвоприношение начала весны, зажигание огней в пятнадцатый день первой луны, поклонение богу ветра Фэнбо, поклонение Небесному владыке, соревнование в колдовстве, подношение духам гор.

Второй месяц: *пуджа*[1] и проповеди восьмого числа второго месяца, шествие во имя Будды на праздничных колесницах, День смерти Будды пятнадцатого числа второго месяца, приношение ритуальных кубков древним учителям, подношение богу земли Шэ, богу хлеба Цзи.

Фрагмент фрески с изображением свадьбы

[1] Пуджа — обряд выражения почтения божеству или гуру. Во время пуджи принято оставлять подношения и возносить молитвы.

Третий месяц: жертвоприношение и омовение, праздник холодной пищи Ханьши, праздник поминовения усопших Цинмин, приношение жертв духам рек и духу дождя Юйши.

Четвертый месяц: День рождения Будды, начало летнего затворничества в буддийских храмах, соревнования на верблюдах, подношение духам верблюдов, скачки, борьба, подношение духам в честь завязи плодов винограда, подношение за всход ростков хлеба, подношение горным духам.

Пятый месяц: восхождение на Миншашань и скольжение по песку, соревнования на верблюдах и конях, моление о дожде в середине пятого месяца.

Восьмой месяц: небесные прижигания, буддийская служба середины осени, подношение духу девы Чжан, подношение духам коней и овец, ловля орла, подношение духам урожая, подношение грому.

Эти мероприятия проводились в течение полугода, в другие шесть месяцев проходило еще несколько десятков праздников. Примечательно, что в праздничной культуре Дуньхуана переплетаются буддийские, даосские и чужеземные содержания и формы. Например, состязание в колдовстве является традицией согдийцев, которые поклонялись колдовским духам. В документах, обнаруженных в пещере Цанзиндун, имеются образы этих духов.

Одним из наиболее выдающихся традиционных народных мероприятий в Дуньхуане, без сомнения, является изгнание демонов и болезней. Оно существует с давних времен. Участники мероприятия надевали маски и наряжались в костюмы различных персонажей: Чжун Куй[1], хватающий демонов, лев Байцзэ[2], владыка ада Яньло-ван, разнообразные злые духи, обычные люди. Мероприятия по изгнанию демонов были популярны в Дуньхуане и имели отличительные особенности, например акробатические представления и исполнение народных песен с местным колоритом.

В Дуньхуане также был распространен обычай создавать народные общества, в которые могли вступать люди различных сословий. Особенно процветали частные общества, которые добровольно образовывали народные массы. Это были самые разные объединения: общество конкретного населенного пункта, монахов, женщин, жителей одной улицы, людей, служивших в одном войске или занимающихся одним делом. Были небольшие объединения из нескольких человек, были и крупные, куда входило более девяноста членов. Все члены совместно устанавливали правила общества, перед которыми все участники были равны. В обществах не было такого строгого деления на ранги, как в государственных организациях. Управитель, председатель и писарь (или старейшина) выбирались из членов объединения и выполняли разную работу с другими участниками, но отношений «управляющий — подчиненные» между ними не было. В обществах Дуньхуана господствовали принципы взаимопомощи, характерные для первобытных общин, но вместе с тем они несли в себе яркий колорит конфуцианских общин, построенных на моральных принципах учения. Основными функциями объединений были религиозные жертвоприношения и взаимопомощь во время

---

[1] Чжун Куй — в поздней китайской мифологии — повелитель демонов; первоначально его образ ассоциировался с палицей из персикового дерева, отгоняющей нечисть.

[2] Байцзэ — в китайской мифологии — мудрый говорящий зверь, похожий на рогатого льва.

похорон, также коллективными силами справлялись с катастрофами и обстоятельствами, с которыми не мог бы справиться один человек.

Среди рукописей Дуньхуана в изобилии представлены документы, описывающие брачные обычаи. Они рассказывают о порядке заключения брака в Древнем Китае и отражают общий вид свадебного торжества. Из всех обычаев выделяются преграждение дороги паланкину невесты и «появление зятя». Первый заключался в том, что группа молодых людей преграждала дорогу паланкину невесты и пела песню «Эрлан вэй», предъявляя требование. Невеста должна была в ответ пропеть песню «Эрлан вэй», тем самым завершая «обмен песнями», а затем «откупиться» деньгами и подарками, чтобы пройти дальше. Такой обычай, развившийся из свадебных игр, впоследствии очень быстро переняли и при дворе императора, и в семьях чиновников. На второй год правления под девизом Цзинлун (708) танского императора Чжун-цзуна (705–710) принцесса Аньлэ сочеталась вторым браком с У Ианьсю. Тогда, согласно историческому своду Сыма Гуана «Всеобщее зерцало, управлению помогающее» («Цзы чжи тун цзянь»), «было приказано министру Аньго-сянвану преградить дорогу паланкину», что свидетельствовало о сравнительной распространенности этого обычая в эпохи Тан и Пяти династий. Он всем очень нравился, так как был частью понятной и художественно ценной брачной культуры.

Обычай «появление зятя» заключался в том, что жених переодевался в цзиньши[1], только что выдержавшего экзамен, и, якобы отправляясь к своему новому месту чиновничьего назначения, останавливался на

---

[1] Цзиньши — обладатель высшей ученой степени по результатам сдачи государственных экзаменов.

ночлег в доме родителей невесты. Родители должны были изо всех сил его расспрашивать, узнавая не только биографию и положение в обществе, но и способности и познания жениха. Этот обычай привел к появлению такого интересного произведения, как «Цы о появлении зятя», и других, описывающих некоторые моменты и порядок свадебного торжества.

Среди рукописей, обнаруженных в пещере Цанцзиндун, есть еще немало документов на различных языках, которые нуждаются в дальнейшей интерпретации учеными из разных стран. Эти документы призывают к терпимости, новаторству, открытости и единству.

Утрата сокровищ Дуньхуана

V

В истории Дуньхуана, будь то открытие пещеры Цанцзиндун или отток вовне культурных реликвий, ключевой фигурой является монах Ван Юаньлу. Относительно его жизненного пути и того, достойный он человек или совершил множество провинностей, до сих пор не существует единого мнения.

5.1 Противоречивая фигура монаха Ван Юаньлу

Имя монаха Ван Юаньлу записывается в документах разными иероглифами с одинаковым звучанием «Юаньлу», также упоминается его монашеское имя — Фачжэнь. (Недавно исследователи по обложке одной из рукописей Дуньхуана, хранящейся в японском Университете Рюкоку, сделали вывод, что до ухода в монахи его звали мирским именем Ван Фулинь. Лишь уйдя от мира, он стал звать себя Ван Юаньлу.) Он был родом из уезда Мачэн провинции Хубэй. Из-за того, что несколько лет подряд в Мачэне случался неурожай и жилось ему трудно, в детские годы Ван Юаньлу пришлось уехать в чужие края, чтобы найти себе пропитание. Он скитался повсюду, пока не попал в Цзюцюань в Ганьсу, где стал дозорным солдатом. Выйдя в отставку, он ушел от мира и стал монахом в Ганьсу. В статусе монаха он продолжал странствовать и наконец прибыл в Дуньхуан, где поселился в пещерах Могао и принял участие в реставрации и управлении пещерами.

Существует множество версий относительно деталей открытия пещеры Цанцзиндун. В «Эпитафии Ван Фачжэню» описывается, что как раз в то время, когда монах Ван Юаньлу пришел в пещеры Могао, народ Дуньхуана инициировал крупную реставрацию пещер. Монах активно участвовал в ней и был ответственным за расчистку трех ярусов храмов. Он повсюду ходил с настойчивыми убеждениями и призывами к действию, жил скромно, копил деньги, направлял к пещерам воду из реки Данцюань, чтобы вычистить накопившийся в них песок. Лишь на то, чтобы расчистить пещеру № 16, он потратил почти два года. 22 июня двадцать шестого года правления под девизом Гуансюй (1900) эпохи Цин Ван Юаньлу занимался уборкой песка в пещере № 16 и вместе с помощниками случайно обнаружил культурную

Монах Ван Юаньлу

сокровищницу, потрясшую весь мир — пещеру Цанцзиндун.

В народе существует популярная легенда об открытии пещеры Цанцзиндун. Согласно ей Ван Юаньлу нанял некоего Яна для переписывания канонов. Тот в свободное время случайно вставил чий[1], которым пользовался для курения, в трещину в стене, и, поскольку он упал глубоко и достать его стало нельзя, Ян ударил рукой по стене, а удар прозвучал так, будто за стеной было пусто. Тогда Ян доложил об этом монаху Ван Юаньлу. Вдвоем они разрушили стену и, войдя внутрь, обнаружили горы канонов и свитков. Другая версия гласит, что монах Ван Юаньлу нанял работников для того, чтобы расчистить песок в пещере № 16. Когда они выполнили работу, одна из стен треснула, так как давления песка больше не было. Монах Ван Юаньлу разрушил стену по трещине и обнаружил, что за ней скрыта пещера возрастом почти в тысячу лет.

После открытия пещеры Цанцзиндун монах Ван Юаньлу сначала пригласил туда местных шэньши[2] из Дуньхуана. Все посчитали, что эти предметы пожертвовали храму их предки-буддисты и найденное нужно должным образом сохранить на месте. Затем Ван Юаньлу сообщил о своем великом открытии в органы власти, специально выбрав несколько превосходных свитков и картин в подарок начальнику уезда Янь Цзэ. Однако Янь Цзэ посчитал эти вещи мусором и не обратил на них внимания. В апреле 1902 года в должность вступил новый начальник уезда Дуньхуан Ван Цзунхань.

---

[1] Чий — злаковое растение, вид ковыля. Используется для плетения изделий, а также как сырье для производства целлюлозы.
[2] Шэньши — обладатели почетных должностей в уездных городах, сдавшие государственные экзамены первой (региональной) ступени.

Ван Юаньлу и ему подарил свитки и картины в надежде получить денежное вознаграждение. Ван Цзунхань сразу понял, что в свитках необычного, и тут же отправился с инспекцией в пещеры Могао. В результате он унес с собой целую партию прекрасных свитков и картин и оставил надпись: «Хранить здесь, оберегать пещеру Цанцзиндун».

После этого недовольный монах Ван Юаньлу опять взял с собой свитки и отправился в Цзюцюань к начальнику округа Сучжоу Тин Дуну. Тин Дун, вопреки ожиданиям, оценил свитки с точки зрения каллиграфии и пришел к выводу, что каллиграфия на них хуже его собственной. В начале 1903 года мастерски владеющий наукой золота и драгоценностей, а также издательским и корректорским делом Е Чанчи, заведующий учебными делами провинции Ганьсу, получил от Ван Цзунханя альбом эстампов с каменных стел, каноны и картину «Бодхисаттва Гуаньинь[1], [созерцающая отражение] луны в воде». Е Чанчи понял, что культурные реликвии в пещере Цанцзиндун необычны и предложил перевезти их на хранение в Ланьчжоу. Однако из-за нехватки пяти тысяч лянов[2] серебра, требующихся на транспортировку, это так и не было сделано. Власти провинции Ганьсу лишь приказали Дуньхуанской уездной канцелярии пересчитать и хранить все свитки на месте. О мерах по обеспечению хранения и вознаграждении монаху не говорилось ни слова.

Так, из-за игнорирования монаха со стороны местных чиновников

---

[1] Гуаньинь — просветленное существо, оставшееся на земле, чтобы наставлять людей; олицетворяет милосердие и сострадание. Ее образ восходит к индийскому бодхисаттве Авалокитешваре.

[2] Лян — денежная единица, представлявшая собой золотой или серебряный слиток (ямба), равный примерно 50 г.

и собственного невежества Ван Юаньлу многочисленные памятники Дуньхуана стали утекать вовне. Что касается заслуг и преступлений Ван Юаньлу, дать им объективную и справедливую оценку можно, только поместив фигуру монаха в историческую обстановку.

5.2 Один за другим появляются похитители сокровищ из-за рубежа

Марк Аурель Стейн

После открытия пещеры Цанцзиндун в 1900 году туда хлынули похитители сокровищ из Англии, Франции, России и Японии, прикрываясь знаменами «исследовательских экспедиций» и «научных изысканий». Они завладели доверием Ван Юаньлу и разграбили памятники Цанцзиндун, что привело к их масштабной утечке за рубеж.

Самым первым из иностранных исследователей в Цанцзиндун прибыл венгр британского подданства Марк Аурель Стейн. В 1900–1901 годах Стейн проводил свою первую центральноазиатскую экспедицию в китайском Синьцзяне. Он организовал раскопки в регионе Хотан и на развалинах древнего королевства Ния и увез из Китая множество древних документов. В 1906–1908 годах Стейн во второй раз приехал в экспедицию в Китай. Он вновь побывал в Хотане и на развалинах Ния, провел раскопки в древнем королевстве Лоулань и углубился в коридор Хэси. На раскопках близ Дуньхуана

Поль Пеллио просматривает рукописные свитки в пещере Цанцзиндун

вдоль Великой китайской стены он добыл огромное количество ханьцзянь — бамбуковых дощечек эпохи Хань. Именно во время этой экспедиции Стейн добрался до Дуньхуана и узнал, что несколько лет назад были обнаружены рукописи пещеры Цанцзиндун. Он воспользовался невежеством монаха Ван Юаньлу и преклонением перед святым монахом Сюаньцзаном, и выдумал, что ему привиделся и дал наказ сам Сюаньцзан. В итоге Стейн, потратив ничтожные три слитка серебра в качестве пожертвования, при помощи своего сопровождающего «наставника» Цзян Сяованя обманом заполучил 24 ящика древних рукописей из пещеры Цанцзиндун и пять ящиков картин и шелковых изделий.

В 1913–1915 годах Стейн отправился в третью экспедицию по Центральной Азии и вновь посетил Хотан, развалины Ния и Лоулань, а также снова приехал в Дуньхуан, где из рук Ван Юаньлу получил оставшиеся 570 рукописей Дуньхуана. Поскольку кража рукописей принесла Стейну огромную выгоду и славу, некоторые люди до сих пор ошибочно считают, что именно он был первооткрывателем пещеры Цанцзиндун.

После Стейна в пещеру приехал французский китаевед Поль Пеллио. Он прибыл в китайский Синьцзян во главе экспедиции в 1908 году. Услышав, что монах Ван Юаньлу обнаружил небольшую комнатку, до отказа забитую древними рукописями, Пеллио отказался от своего плана исследований в Синьцзяне и направился в Дуньхуан. Ван Юаньлу в это время занимался реставрацией храма Тайцингун. К тому моменту пожертвование Стейна было почти полностью потрачено, и монах нуждался в деньгах. Поэтому Пеллио, который умел говорить по-китайски, легко обманул Ван Юаньлу, сказав, что попросит для него награды у самой императрицы Цыси. Так Пеллио попал в пещеру Цанцзиндун, в которой целых три недели просматривал и отбирал свитки. Основываясь на своих обширных познаниях в истории и культуре Центральной Азии и Китая, он отобрал рукописи, которые посчитал наиболее ценными. Помимо этого, он похитил часть прекрасных произведений искусства.

Сергей Ольденбург

Когда английские и французские экспедиции приехали в Китай за древними сокровищами, японцы последовали за ними. Отани Кодзуй снарядил три экспедиции, которые приезжали в Северо-Западный регион Китая. В 1908 году Отани снарядил Татибану Дзуйтё и других людей во вторую экспедицию. Они провели серьезные археологические раскопки в районе Турфана, особенно

Караван верблюдов Ольденбурга, нагруженный памятниками культуры Дуньхуана

в Лоулань, и добыли чрезвычайно важные культурные реликвии, самой важной из которых был «Документ Ли Бо». В 1910 году Отани вновь отправил Татибану в Китай. Вскоре после этого в Китае произошла Синьхайская революция[1] и в стране воцарился хаос, поэтому о Татибане не было никаких вестей. Тогда Отани отправил на его поиски Ёсикаву Койтиро. В 1911 году Ёсикава прибыл в Дуньхуан и купил у монаха Ван Юаньлу статуэтки из глины и свитки. Прослышав об этом, Татибана тоже прибыл в Дуньхуан, где воссоединился с Ёсикавой. Они провели переговоры с Ван Юаньлу и закупили у него свитки, находившиеся в личной собственности,

---

[1] Синьхайская революция происходила в 1911–1912 годах. Привела к свержению династии Цин и созданию Китайской республики.

а затем вторглись с обыском в жилище монаха и силой забрали более 160 свитков. Так, заплатив за это лишь несколько лянов серебра, они разграбили немало сокровищ Дуньхуана.

После того как в Дуньхуане побывали экспедиции из Англии, Франции и Японии, пещеры Могао решил посетить востоковед из Академии наук Российской империи Сергей Ольденбург. В 1914 году он прибыл в Дуньхуан во главе научной экспедиции. За несколько месяцев он провел комплексный анализ пещер и начертил их планы, сделал более двух тысяч снимков, скопировал

Лэнгдон Уорнер

немало настенных росписей. Также Ольденбург вел довольно подробный экспедиционный дневник. Говорят, он даже участвовал в расчистке пещер от песка и обнаружил немало фрагментов художественных произведений и поврежденных свитков. Ольденбург выкупил партию поврежденных свитков у местных жителей и, возможно, заключил несколько сделок с монахом Ван Юаньлу. Экспедиция завершилась на второй год: из-за Первой мировой войны Ольденбург вернулся на родину.

После начала Первой мировой войны иностранные экспедиции в Китай были приостановлены. Дуньхуан переживал довольно спокойное десятилетие, но передышка длилась недолго. В 1923 году

Следы деятельности Уорнера по отклеиванию фресок в пещере № 323

при поддержке Гарвардского художественного музея американец Лэнгдон Уорнер отправился в экспедицию на Северо-Запад Китая. В начале 1924 года он прибыл в Дуньхуан. Поскольку к тому времени от реликвий Дуньхуана почти ничего не осталось, а Уорнер не хотел возвращаться с пустыми руками, он решил разграбить настенные росписи и художественную лепку пещер. Он налепил на внешний слой фресок лоскуты, смазанные клеящим веществом, и оторвал несколько десятков превосходных росписей в пещерах № 320, 321, 323 и 329. Также он украл пожертвование бодхисаттве — левую статую эпохи Тан из лицевой ниши пещеры № 328. Позже эти произведения искусства поступили в Музей Фогга при Гарвардском художественном музее (ныне они перемещены в Музей Саклера) и стали самыми ценными экспонатами на тот момент.

Во время первой экспедиции Уорнер не сумел открепить слишком много фресок, поскольку израсходовал все клейкие материалы. Однако вернувшись в Дуньхуан в 1925 году, он привез с собой работников, изготавливающих клей, чтобы полностью перевезти в Америку фрески из пещеры № 285. Тогда он столкнулся с контролем со стороны местных властей и сопротивлением разгневанных жителей Дуньхуана. Вооружившись мотыгами и палками, они внимательно следили за Уорнером, чтобы тот не смог во второй раз похитить фрески. Уорнеру пришлось вернуться в Америку с пустыми руками, а своим преступлением по похищению памятников культуры Дуньхуана он заработал недобрую славу.

Вступление к «Списку оставшихся рукописей Дуньхуана»

5.3 Возмутительное похищение реликвий, переживших бедствие

После того как исследователи из Англии и Франции разграбили рукописи пещеры Цанцзиндун, в 1909 году по требованию китайских ученых Поль Пеллио продемонстрировал китайской научной общественности свитки, которые забрал из пещеры в Дуньхуане. Ло Чжэньюй и другие ученые, испытав страшное потрясение, потребовали от Министерства просвещения империи Цин отправить телеграмму губернатору Ганьсу Мао Цинфаню с просьбой купить оставшиеся свитки и отправить их на хранение в Пекин. Так, в конце 1909 года местное правительство Ганьсу отправило свитки Министерству просвещения. После многократных перипетий в 1910 году почти десять тысяч свитков Дуньхуана под охраной были перевезены в Пекин.

Произошло возмутительное событие: во время перевозки в Пекин немало свитков было разорвано и украдено. Комиссар по гражданским делам провинции Ганьсу Хэ Яньшэн назначил членом охранного отряда уроженца Цзянси Фу Баохуа. После прибытия свитков в Пекин Фу Баохуа привез их напрямую в резиденцию сына Хэ Яньшэна — Хэ Чжэньи. Его (Хэ Чжэньи) тесть Ли Шэндо вместе с директором Пекинских учительских палат Лю Тинчэнем украли несколько свитков в личных целях. Эти рукописи пережили грабежи иностранных исследователей, но в итоге их украли чиновники, и впоследствии они тоже утекли за границу.

Осенью 1910 года Министерство народного просвещения разместило оставшиеся свитки в Пекинской библиотеке (ныне Национальная библиотека Китая). 14 ноября того же года министерство известило Пекинскую библиотеку о передаче туда под охраной еще 22 рукописей. Все свитки были пронумерованы, их количество составило 8 679, а историк Чэнь Юань написал «Список оставшихся рукописей Дуньхуана». Также имелось несколько непронумерованных фрагментов (в 1930 году им присвоили номера и их количество составило 1 192). После 1949 года некоторые фрагменты были отреставрированы и упорядочены. Кроме того, многие свитки были перевезены в Китай, выкуплены или поднесены в дар. Сегодня в коллекции рукописей Дуньхуана Национальной библиотеки Китая насчитывается 16 579 свитков.

5.4 Коллекционирование разбросанных по миру реликвий Дуньхуана

С момента открытия литературного наследия Дуньхуана реликвии были разворованы экспедициями и охотниками за сокровищами из разных стран. Большинство канонов и рукописей и некоторые художественные произведения Дуньхуана рассеяны по всему миру, в настоящее время коллекции этих предметов есть в Китае, Великобритании, Франции, России, Японии, Германии, США, Корее, Индии, Швеции, Дании в нескольких десятках музеев, библиотек, а также у частных владельцев. Различные рукописные и печатные документы в наибольшем количестве представлены в Национальной библиотеке Китая (около 16 тысяч), Национальной библиотеке Великобритании в Лондоне (около 13,3 тысяч), Национальной библиотеке Франции в Париже (около 6 тысяч) и в Институте восточных рукописей РАН в Санкт-Петербурге (около 18 тысяч). Поэтому Пекин, Лондон, Париж и Санкт-Петербург называют четырьмя крупнейшими центрами коллекционирования письменных памятников Дуньхуана.

В последние годы благодаря настойчивым стараниям китайских издательских и научных кругов большая часть письменных памятников Дуньхуана была сфотографирована и опубликована в открытом доступе. Издательство «Сычуань жэньминь чубаньшэ» («Народное издательство Сычуани») опубликовало литературные памятники на китайском языке, хранящиеся в Англии (помимо буддийских канонов на китайском языке). Памятники на китайском языке, хранящиеся во Франции и России, можно увидеть в изданиях «Литературные памятники Западного края из Дуньхуана, хранящиеся во Франции» и «Памятники из Дуньхуана, хранящиеся в России», выпущенных издательством «Шанхай гуцзи чубаньшэ» (Шанхайское издательство «Древняя книга»). Литературные памятники на китайском языке, хранящиеся в Национальной библиотеке Китая, можно увидеть в книге «Рукописи Дуньхуана из коллекции Национальной библиотеки», выпущенной издательством Пекинской библиотеки. В последние годы были также изданы сборники «Тайные коллекции Дуньхуана» и «Собрание китайских надписей тушью из коллекции Накамура Музея каллиграфии в Тайто», куда вошли рукописи из частных японских коллекций.

Кроме того, «Шанхай гуцзи чубаньшэ» опубликовало сборники с коллекциями Пекинского университета, Шанхайского музея, Шанхайской библиотеки и Художественного музея Тяньцзиня. В сборник «Письменные памятники Дуньхуана, хранящиеся в провинции Ганьсу» издательства «Ганьсу жэньминь чубаньшэ» (Народное издательство Ганьсу) вошли памятники Исследовательского института Дуньхуана провинции Ганьсу, музеев Цзюцюань, Дуньхуана, провинции Ганьсу, уезда Динси, уезда Гаотай и уезда Юндэн, библиотеки провинции Ганьсу, Северо-западного педагогического университета, Института традиционной китайской медицины провинции Ганьсу. В сборник «Рукописи Дуньхуана, хранящиеся в провинции Чжэцзян» издательства «Чжэцзян цзяоюй чубаньшэ» (Издательство «Чжэцзянское образование») вошли памятники из коллекций Музея Чжэцзян, Чжэцзянской библиотеки и прочих организаций.

Хотя большая часть музеев и библиотек опубликовала свои коллекции для свободного доступа, в государственных, региональных и частных коллекциях до сих пор находится ряд неопубликованных памятников Дуньхуана.

Фрески в пещерах Могао в Дуньхуане

VI

Обрыв Миншашань сформирован из крупнозернистой осадочной горной породы. Разрыхленность этой породы не позволяет выполнить тщательную гравировку, поэтому в Дуньхуане прибегали к таким формам искусства, как художественная лепка, роспись по скульптуре и фрески.

Фрески рисовали на выровненном утесе. Сначала на него наносили два–три слоя глины с соломой, а затем определяли местоположение, делали набросок, наносили цвета и придавали форму.

Фрески в пещерах Могао в Дуньхуане покрывают стены площадью 45 тысяч квадратных метров. Они создавались на протяжении долгих эпох, отличаются огромными масштабами, разнообразием жанров и столь богатым содержанием, что французские ученые говорили о них как о «библиотеке на стенах».

Среди красочных фресок самым богатым по образности считается изображение тысячерукой Гуаньинь в пещере № 3, созданное в эпоху Юань (единственная пещера Дуньхуана, в которой основным объектом поклонения является бодхисаттва Гуаньинь). Эту фреску называют «Венерой Востока». На южной и северной стенах внутри пещеры Гуаньинь изображена в очень элегантных позах. Она представлена с одиннадцати сторон, с каждой из которых изображены три глаза. На голове у нее яшмовый убор, одета она в длинный халат и повязанную на талии юбку, из украшений на ней ожерелье с подвесками и яшмовые браслеты. У Гуаньинь строгое выражение лица, она восседает на лотосовом троне в падмасане (позе лотоса. — *Примеч. ред.*). С двух сторон тела она протягивает двадцать крупных рук, которые размещены по кругу, и в каждой ладони держит ритуальные предметы и драгоценности. В каждой из остальных малых рук изображен глаз мудрости. Руки накладываются в несколько слоев, хитроумно формируя ореол за спиной Гуаньинь. С четырех сторон бодхисаттвы живо, тонко изображены летящие духи апсары и воины, которые очень хорошо оттеняют ее фигуру. Чтобы передать разные текстуры, художники

Изображение тысячерукой Гуаньинь. Северная стена пещеры № 3. Эпоха Юань

использовали различные техники штриховки, такие как «листья орхидеи»[1], «сломанный тростник»[2], «железная проволока»[3]. Благодаря этому образы выглядят более четкими и волнующими, что отражает высокое мастерство живописцев эпохи Юань. Так как пространства в пещере очень мало, на фресках образовались вмятины, и теперь они закрыты для массовых посетителей.

6.1 Содержание фресок в пещерах Могао

Фрески являются важной составляющей искусства пещер Могао в Дуньхуане. В нишах для статуй Будды, на стенах и потолках пещер можно обнаружить множество разнообразных ярких фресок. Кроме того, они дополняют расписанные скульптуры, оттеняют их и сочетаются с ними, совместно создавая целостный комплекс пещер Могао. Подавляющее большинство фресок связано с буддизмом, на них есть сцены из различных историй и легенд, иллюстрации к жизнеописанию Будды и к буддийскому учению, изображения, связанные с историей буддизма и содержанием буддийских канонов. Также на фресках изображены портреты людей, сделавших пожертвования, орнаменты, немало картин мирской жизни, например пейзажи, животные, процессии. Поскольку фрески создавались на протяжении тысяч лет, они представляют собой важный материал для изучения истории китайской живописи и

---

[1] «Листья орхидеи» — техника рисования с использованием толстых и тонких штрихов. — *Примеч. пер.*

[2] «Сломанный тростник» — техника рисования с использованием толстых ломаных штрихов. — *Примеч. пер.*

[3] «Железная проволка» — техника рисования с использованием жестких витых штрихов. — *Примеч. пер.*

древнекитайского общества.

Фрески с изображением земных воплощений Будды. Эти фрески часто имеют форму множества изображений, объединенных одним сюжетом. Они описывают различные поступки и добрые деяния Будды Шакьямуни, совершенные им в земных воплощениях. Например, в пещере № 75 изображен Князь лунного света, в пещере № 428 фреска иллюстрирует историю о том, как принц Ваджрасаттва, жертвуя собой, выкармливает тигра; перевоплощение Будды в девятицветного оленя изображено в пещере № 257, воплощение Шань-цзы — в пещере № 296.

Фрески с изображением сцен из жизни Будды. Здесь описываются достижения Будды Шакьямуни при жизни от его перерождения до

Фреска с историей о том, как принц Ваджрасаттва, жертвуя собой, выкармливает тигра. Пещера № 428. Эпоха Северная Чжоу

нирваны. Конечно, все эти истории обожествляются. Характерные произведения:

«Четыре встречи»[1], пещера № 275, южная стена;

«Нисхождение Белого слона»[2] и «[Сиддхартха] покидает дворец в полночь»[3], ниша пещеры № 329.

Среди этих изображений наиболее целостными с точки зрения изложения историй из жизни Будды являются фрески в форме длинного свитка в пещере № 290, а также фрески на четырех стенах пещеры № 61 и пещеры № 454.

На некоторых изображениях по обе стороны от главного божества нарисованы бодхисаттвы, которые отличаются разнообразием и живостью форм. Например, в пещере № 57 бодхисаттва как будто обдумывает что-то, в изображении мастерски сочетаются резкие и плавные линии, а облик бодхисаттвы очень волнующий. Также можно отметить изображение Гуаньинь с тонкими чертами лица и великолепными украшениями. Она так грациозна, что стала

---

[1] Считается, что на духовное становление принца Сиддхартхи повлияли четыре встречи. Сначала он стал свидетелем похоронной процессии, что заставило его задуматься о неизбежности смерти. Следом заметил прокаженного и понял, что никто не в силах избежать болезней. Затем встретил нищего и осознал мимолетность славы и богатства. Последняя встреча была с монахом, после чего Сиддхартха встал на путь самосовершенствования, как единственный ведущий к избавлению от страданий.

[2] Мать Сиддхартхи увидела во сне, что в ее бок входит белый слон. Это знаменовало рождение ее сына.

[3] Познав страдания людей, Сиддхартха оставил своих родителей, жену и сына, и в полночь тайно отправился за пределы дворца, дабы вести жизнь аскета и достичь просветления.

Фрагмент фрески с перевоплощением Будды в девятицветного оленя. Пещера № 257. Эпоха Северная Вэй

известна как «прекрасная бодхисаттва».

Изображения, связанные с историей буддизма. Эти фрески изображают личностей, события, священные места и реликвии буддизма, появившиеся в процессе его распространения. Также они отражают сцены, когда молящимся являлись божества или давались добрые знаки. В основном эти фрески иллюстрируют

На фреске Чжан Цянь отправляется в Западный край.
Северная стена пещеры № 323. Начало эпохи Тан

священные места, жизнеописания буддийских наставников, а также соответствующие записи из «Жизнеописания Фасяня», «Путешествия в Западный край во времена Великой Тан», «Описания Западного края» и прочих книг. Значительная их часть является результатом необоснованной связи реликвий, увиденных авторами, с теми или иными историями. Примерами могут служить интерпретации историй, связанных с буддийским учением в Индии, Западном крае и Китае. В пещере № 323 начала эпохи Тан имеется наибольшее количество изображений, связанных с историей буддизма. В основном зале пещеры на северной и южной стенах можно увидеть восемь сюжетных иллюстраций: как Чжан Цянь отправляется в Западный край, Шакьямуни стирает и сушит одежду на камне, Фотучэну является чудо, Ашока[1] молится, кланяясь пагоде, Кан Сэнхуэй подносит останки Будды в Цзянькане, Чжу Ин встречает каменные статуи Будды у реки Усунцзян, Гао Куй в Янду получает золотую статую Будды, император Суй Вэнь-ди просит Тань Яня[2] помолиться о дожде.

[1] Ашока (годы жизни неизвестны) — правитель империи Мауриев (государство в Древней Индии) с 273 по 232 год до н. э., покровитель буддизма.

[2] Тань Янь (516–588) — буддийский монах, занимавшийся восстановлением буддийских монастырей (сангхарам). Написал большой комментарий к «Махапаринирвана-сутре».

«К канону "Вималакирти"». Пещера № 103. Эпоха Тан

Изображения, связанные с содержанием буддийских канонов. Это крупные картины, которые называются *цзинбянь* или *бянсян*. В пещерах Могао есть изображения цзинбянь двадцати видов, в том числе к канонам «Вималакирти-сутра», о драгоценном дожде («Ратнамега-сутра»), «Рассказанная Буддой сутра Амитабхи» («Малая Сукхавативьюха-сутра» или «Амитабхавьюха-сутра»), «Созерцание Будды бесконечной жизни» («Амитаюрдхьяна-сутра»), «Сутра лотоса благого учения» («Саддхармапундарика-сутра», «Лотосовая сутра»).

Каждая из крупных картин цзинбянь содержит немало сюжетов и историй. Например, на четырнадцати изображениях к канону «Вималакирти-сутра» основной темой является состояние больного Вималакирти, показываются духовные перемены отшельника Вималакирти, отражены сцены путешествий императоров тех лет и встреч принцев-посланников из разных земель. На многих подобных изображениях отражены образы из реальной жизни: возделывание земли и сбор урожая, городские стены и рвы, внутреннее устройство города, а также народные обычаи и нравы, танцы и музыка.

Иллюстрации к легендам. В поздний период эпохи Северная Вэй появились иллюстрации к даосским мифологическим сюжетам, например изображения Дунвангуна, Сиванму, Фуси[1], Нюйвы[2], Цинлуна, Байху, Чжуцюэ, Сюаньу[3]. В них отражались представления

---

[1] Фуси — легендарный первопредок, мифический первый император Китая. Научил людей охоте и рыболовству.

[2] Нюйва — одна из великих богинь даосского пантеона; создала человека, спасла мир от потопа.

[3] Мифические существа, отвечающие за четыре стороны света: Цинлун (Лазурный, Зеленый дракон) — восток, Байху (Белый тигр) — запад, Чжуцюэ (Красная птица) — юг, Сюаньу (Черная черепаха) — север.

«К канону "Самантабхадра"». Западная стена пещеры Юйлинь № 3. Эпоха Западная Ся

Портрет мужчины, принесшего пожертвования. Северная стена пещеры № 285. Эпоха Западная Вэй

о бессмертии в традиции даосизма эпох Хань и Цзинь. Так, на южном своде потолка пещеры Могао № 249 есть изображение Сиванму, на северном своде — Дунвангуна, на западном и восточном — Фуси, Нюйвы, духа грома Лэйгуна, духа ветра Фэншэня, духа дождя Юйши, даосских бессмертных.

Портреты людей, сделавших пожертвования. Люди, которые жертвовали деньги на строительство пещер, чтобы испросить счастья и исполнения желаний, изображались на портретах вместе с членами их семей. Примерами таких изображений являются «Армия Чжан Ичао пускается в путь», «Выезд сунской супруги», «Сцена процессии древнеуйгурской принцессы» в пещере № 156. Здесь не только представлены портреты реальных исторических личностей, но и демонстрируется действительность тех лет, поэтому данные изображения имеют высокую историческую ценность. И хотя портреты людей, у которых был низкий статус, мало власти, влияния и денег, занимали довольно малую площадь на стенах пещер, они тоже представляют собой ценный материал.

Орнаментальные росписи. Орнаментальные рисунки в пещерах использовались для украшения. Их можно видеть на потолках, перекрытиях, нишах, в ореолах за спинами святых, на престоле Будды, на полу, столах, головных уборах и утвари. Наиболее выдающиеся из них находятся на потолках и перекрытиях. Орнаменты менялись с течением времени, приобретая разнообразные формы. В числе основных видов можно назвать растительные (включая лотосовые и жимолостные узоры), облачные, выполненные с помощью шаблона, узоры с животными, узоры с небесными телами, узоры с человеческими фигурами. Разнообразные орнаменты во многом обогатили бытовую и реальную атмосферу пещер.

6.2 Апсары Дуньхуана

Среди фресок в пещерах Могао наиболее живыми и насыщенными являются изображения гандхарв и апсар. Некоторые называют их душой фресок Дуньхуана. Гандхарвы и апсары — это одно из восьми подразделений божественных духов в индуизме[1]. Часто они изображаются на картинах, касающихся буддийского учения, в грохоте барабанов, на небе, усыпанном лепестками. Многоликие и многочисленные изображения апсар в Дуньхуане назвают *фэйтянь цзиюэ* или *цзиюэтянь* («апсары, танцующие под музыку»).

В каждом древнем государстве были свои образы летящих духов. В Греции были эроты — дети с крыльями, пробуждающие любовные чувства. В Центральном Китае были крылатые даосские небожители, они носились в воздухе и назывались в народе летающими бессмертными. В Индии у летающих апсар был ореол вокруг головы, а тела их поддерживались облаками.

Буддийские гандхарвы и апсары прошли через Центральную Азию и появились на стенах пещер в Цюцы в Синьцзяне, где приобрели своеобразный облик, характерный для Западного края: круглое лицо, коренастое сложение, обнаженное тело из индийской традиции, головная повязка — из персидской. Летят они не на облаках, а сами по себе. Попав в Дуньхуан, образы гандхарв и апсар постепенно слились с образами даосских бессмертных. В конце V века они преобразились в летающих бессмертных с крупными чертами лица, длинными бровями и маленькими глазами,

---

[1] Гандхарвы и апсары относятся к одному рангу, но гандхарвы — мужчины, а апсары — женщины. — *Примеч. пер.*

волосами, затянутыми узлом на затылке, обнаженным торсом и головной повязкой, спускающейся до плеч. Их изображали без ореола вокруг головы, в свободных и красивых позах они парили в облачной дымке. Так выглядят китайские гандхарвы и апсары дуньхуанского стиля.

Начало изображению летящих гандхарв и апсар в Дуньхуане было положено в эпоху Шестнадцати варварских государств, а последние фрески с ними созданы в эпоху Юань. Таким образом, их история насчитывает более тысячи лет. Сохранилось более шести тысяч фигур, которые претерпевали изменения, двигаясь вперед по этой тысячелетней реке истории. Они трансформировались в связи со сменой исторических обстоятельств, династий и политических режимов, а также по причине экономического процветания и учащения культурных обменов между Китаем и Западом. Художники различных эпох создали множество образов апсар, у которых отличаются облик, настроение, стиль и мысль изображения.

С эпохи Ранняя Цинь в период Шестнадцати варварских государств до эпохи Северная Вэй, на протяжении примерно 170 лет (366–534), изображения гандхарв и апсар в Дуньхуане находились под заметным влиянием апсар из Индии и Западного края. Их фигуры были довольно приземистыми, с оголенным торсом, на поясе у них были повязаны длинные юбки, от плеч вниз по рукам вились ленты. Они рассыпали вокруг себя лепестки цветов или складывал руки в молитвенном жесте. Позы их были статичны, фигуры формировали силуэты в виде букв V или U. В ранних пещерах Могао наиболее выражены стилевые особенности гандхарв династии Северная Лян. Они изображены на северной стене пещеры № 275 в виде нескольких летящих божеств над главным персонажем фрески о земных воплощениях Будды.

В эпоху Северная Вэй образы летящих божеств в целом сохраняли черты гандхарв и апсар Западного края, однако постепенно китаизировались. Пропорции их тел менялись, также удлинялись ленты, на концах которых формировались заостренные углы. Тем не менее, эти фигуры по-прежнему производили впечатление сильных божеств, которым не хватает гибкости. Наиболее частым движением апсар эпохи Северная Вэй был широкий шаг вперед, при этом нога, которая ставилась позади, поднималась как можно выше. Это движение кажется преувеличенным, но полным изящества. Поскольку Дуньхуан расположен вдали от Центральной равнины и соседствует с Западным краем, он почти без ограничений подвергался мощному внешнему влиянию. Поэтому в этот период появлялись изображения летящих обнаженных апсар, что добавляло разнообразия настенным росписям. Наиболее выраженными особенностями, присущими эпохе Северная Вэй, обладают две апсары в верхней части картины на северной стене пещеры № 254 и две апсары в верхней части заднего изображения на северной стене пещеры № 260.

В период с эпохи Северная Вэй по эпоху Суй (535–618) появились новые образы апсар Дуньхуана. Они возникали благодаря слиянию образов буддийских небожителей и даосских бессмертных, западных апсар с китайскими летающими бессмертными. В новых образах гармонично сочетались восточные и западные черты. Апсары, изображенные в манере Западного края, сохранили живописный стиль эпохи Северная Вэй. Характерными примерами таких изображений являются четыре танцующих апсары в верхней части ниши западной стены пещеры № 249 и обнаженная апсара в правом верхнем углу фрески «Прозрение слепых» в пещере № 285 (вероятно, она одета в прозрачные шелковые одеяния небожителей).

Обнаженная апсара. Пещера № 285. Эпоха Западная Вэй

Появление изображений апсар в китайской манере связано с назначением начальником округа Гуачжоу (Дуньхуан) Юань Жуана из правящего дома Северная Вэй. В новых образах использовались китайские техники рисования, а не техника нанесения массивных теней, характерная для Западного края. Персонажи на таких изображениях принимали вид прекрасный и невесомый, у них были вытянутые фигуры в широких длинных халатах, очень деликатно были изображены ленты, апсары выглядели пластичными, а их движения — плавными. На потолке пещеры № 249 вместе сошлись китайские традиционные персонажи, такие как Сиванму и Дунвангун, и буддийские демоны асуры. Вместе летят Чжуцюэ, Сюаньу и буддийские гандхарвы, которые держат ритуальное оружие ваджра. Сложно определить, какой из духов индийский, какой — китайский. Буддизм в полной мере проявил свою совместимость с китайской традиционной культурой — они начали сливаться, приспосабливаться, заимствовать друг у друга черты искусства. Наиболее характерными персонажами в китайской манере являются двенадцать апсар на верхнем ярусе южной стены пещеры № 285.

В эпоху Северная Чжоу сяньбийцы образовали свое государство в Северо-Западном регионе. Они недолго управляли страной, однако построили немало пещер в комплексе Могао. Правители сяньбийцев были глубоко верующими буддистами и состояли в хороших отношениях с Западным краем. При них постепенно сливались воедино образы апсар в манере Западного края и Центральной равнины. Они выглядят немного грубо и размашисто, оттенены однотонной краской. В эпоху Северная Чжоу появился новый метод нанесения краски в китайской манере: она наносилась на лицо и размазывалась из центра в четыре стороны, таким образом в центральной части лица формировалось розовое пятно. Западная техника состояла в обратном: краска размазывалась от краев к центру. В это время также появилось немало изображений музицирующих и танцующих апсар, которые, играя на музыкальных инструментах, летели в сторону Будды. Живописцы достигали эффекта движения за счет изменения цвета одежды, лент и лица. Чертами, наиболее характерными для эпохи Северная Чжоу, обладают апсары в пещерах № 290 и 428.

Императорам эпохи Суй так нравились апсары, что во дворцах создавали тайные механизмы, которые поднимали и опускали летающую деревянную апсару, чтобы открывать двери и окна для императора. Это символизировало схождение бессмертных с небес в мир людей. В эпоху Суй росписи с изображением апсар в пещерах Могао достигли пика своего развития. На сводах, в нишах, на всех четырех стенах и иллюстрациях к буддийскому учению появлялись фигуры гандхарв и апсар различной внешности и в разных позах, свободно парящие большими группами. Среди них есть апсары, изображенные как в западной, так и в китайской манере, но больше всего образов, которые сочетают в себе оба стиля.

К тому времени живописцы уже в совершенстве овладели техникой изображения апсар и могли писать их в разных обликах и обстоятельствах. Лица апсар могут быть и круглыми, и утонченными, фигуры — и атлетичными, и стройными. Различается одежда: короткие платья без рукавов и длинные платья с широкими

Роспись потолка с апсарами, летящими вокруг цветка лотоса, в центре которого изображены три зайца. Пещера № 407. Эпоха Суй

рукавами. У одних апсар на головах уборы из яшмы, у других — волосы, скрученные узлом. Отличаются и позы: некоторые летят вверх, некоторые — вниз, часть парит в воздухе по ветру, часть летит против ветра, одни летят в одиночку, другие — группами. Их фигуры свободно и плавно двигаются в воздухе. Изображения апсар являются воплощениям простоты и физической крепости, а также смелого и дерзновенного духа. В целом живописцы эпохи Суй находились в периоде обмена и поиска, дополняя традиционные образы апсар новыми чертами. Общая тенденция развития образов заключалась в китаизации, которая полностью завершилась в эпоху Тан.

Наиболее выраженные черты апсар эпохи Суй можно увидеть на сводах потолка пещеры № 407. Там изображен орнамент, в круглом центре которого три зайца стремительно скачут вокруг лотосового цветка. Художник нарисовал каждому зайцу по одному уху, чтобы создать для зрителя иллюзию движения. Восемь апсар летают вокруг цветка лотоса, их развевающиеся ленты также намекают на огромную скорость полета. Также интересно, что на этой фреске художник творчески изобразил двух летящих гандхарв в виде буддийских монахов, которые просят подаяния с чашей и рассыпают лепестки цветов.

В эпоху Тан наступил период кульминации в развитии апсар Дуньхуана, сложился их наиболее зрелый и совершенный образ. В пещерах Могао создавалось наибольшее количество масштабных цзинбянь, основанных на содержании буддийских канонов. Ими расписывались все четыре стены почти в каждой пещере, также на них появлялись гандхарвы и апсары. В сценах распространения буддийского учения апсары рассыпали лепестки, танцевали и пели, восхваляли тех, кто сделал пожертвования. В то же время летящие божества представляли небесное царство — Сукхавати

— с его вечной радостью. Гандхарвы и апсары на фресках летают вокруг головы Будды, или кружат в воздухе над царством Сукхавати, или стоят на разноцветных облаках, медленно спускаясь вниз. Одни вздымают руки и возносятся вверх, другие с цветами в руках поднимаются в облачные дали, третьи держат корзинки с цветами и парят в воздухе. Эти апсары, если у них нет длинных крыльев или облака для опоры, плавно кружат в воздухе благодаря своим летящим одеждам и парящим поясам. Именно так писал Ли Бо, поэт эпохи Тан, воспевая летящих даосских бессмертных:

…Цветок в руке и яснозвездный лик,
Легко витает в Высшей Чистоте,
Широкий пояс, радужный покров,
Возносится, паря, на небосклон…[1]

Наиболее характерными особенностями того времени обладают парные апсары ранней Тан из пещеры № 321 и четыре апсары эпохи расцвета Тан из пещеры № 320. Изображения летящих божеств этого периода в полной мере воплощают такие черты, как подвижность и живость, они подобны невинным грациозным девушкам, то хмурым, то радостным. Все они отражают очарование и жизненные силы молодости.

В поздний период Тан, поскольку идеалом красоты считались люди в теле, движения и позы апсар утратили прежнюю энергичность, настроение свободы и радости. Летящие божества стали воплощением зрелой, мягкой, изысканной красоты. У них строгие

---

[1] *Ли Бо.* Дух старины / Ли Бо; Сост. С.А. Торопцев; Науч. совет «История мировой культуры». М.: Вост. лит., 2004. С. 26.

лица и неспешные движения, но из-за излишней торжественности кажется, что им не хватает жизненной энергии. Их одежда и украшения вместо ярких и роскошных стали скромными и легкими, а настроение из воодушевленного и радостного стало спокойным и печальным.

Наиболее характерными для эпохи Тан чертами обладают апсары в верхней части крупной цзинбянь «К канону "Нирвана-сутра"» на западной стене пещеры № 158. Они летают вокруг украшенного самоцветами дерева Бодхи, одни из них держат в руках корзинки с цветами, другие — ожерелья с самоцветами, третьи — курильницы. Некоторые играют на цянской флейте, некоторые вздымают руки и рассыпают лепестки, вознося благодарность Будде. Однако их настроение спокойно, летят они медленно, при взгляде на них не испытываешь веселья. Выражение их лиц в торжественной атмосфере источает печаль и горесть, воплощая религиозную идею о том, что небожители скорбят совместно с миром земным.

Период эпох Пяти династий, Сун, Западная Ся и Юань длился более 460 лет (907–1368). Художники Дуньхуана этого периода, изображавшие апсар, унаследовали традиции эпохи Тан и не привнесли ничего нового с точки зрения техник рисования. Лица на фресках выглядят однообразными, им не хватает индивидуальности. Постепенно изображения апсар склоняются к формализму и вступают в период упадка.

В эпохи Пяти династий и Северная Сун Дуньхуан находился под руководством рода Цао, правящего в Гуйицзюнь. Члены рода Цао были приверженцами буддизма, при них в пещерах Могао и Юйлинь были построены новые и восстановлены старые пещеры. Также при них была основана академия живописи, в которую пригласили известных художников того времени и которая унаследовала живописные особенности стиля эпохи Тан, чтобы сохранить относительное единство настенных росписей. Однако из-за недостатка сильного культурного влияния Центральной равнины многие живописцы явно склонялись к консервативным и упадочным тенденциям. Характерными произведениями этой эпохи являются апсары из пещеры Юйлинь № 16 и пещеры Могао № 327.

В эпоху Западная Ся самой значительной особенностью изображений апсар в пещерах Могао были черты, характерные для народа дансянов. При этом наиболее характерным произведением являются юные гандхарвы в пещере № 97.

В эпоху Юань Дуньхуан находился под властью монголов, при которых в комплексах Могао и Юйлинь строилось и восстанавливалось мало пещер. В этот период распространялся тантрический буддизм, подразделявшийся на тибетский и ханьский. В искусстве тибетского тантрического буддизма вовсе не было апсар, а в искусстве ханьского они встречались редко. Наиболее характерными для эпохи Юань являются четыре апсары в двух верхних углах цзинбянь с изображением тысячерукой и тысячеглазой Гуаньинь на южной и северной стенах пещеры № 3. Две апсары на северной стене довольно красивы, однако их лица круглы, а фигуры приземисты, из-за чего они напоминают детей. При этом их лица серьезны и торжественны, образы слишком реалистичны, поэтому оставляют ощущение, что эти апсары не сумеют взлететь.

Ганддхарвы и апсары, будучи посланниками буддийской культуры, начали свой полет в Древней Индии, пересекли Афганистан и Непал, перелетели через вздымающиеся ввысь пики Куньлуня и безбрежную пустыню Гоби, миновали Синьцзян и добрались до Дуньхуана. Здесь они впитали в себя китайскую культуру и поселились на тысячу с лишним лет, демонстрируя дух и колорит разных эпох и стиль различных народностей, и так они облетели всю землю. Прекрасные образы, радостное настроение, неизменная художественная ценность многих апсар по сей день привлекают людей. Бывший директор Дуньхуанского исследовательского института господин Дуань Вэньцзе сказал в своем сочинении «Апсары среди людей» («Фэйтянь цзай жэнь цзянь»): «Они вовсе не погибли с течением времени, они остались жить и танцуют новый танец под новую музыку. Образы апсар повсюду встречаются в литературе и художественном промысле (на товарных знаках, в рекламе). Следует сказать, что они спустились с небес в мир людей и впредь будут вечно жить в людских сердцах, просвещая зрителей и даря им эстетическое удовольствие»[1].

6.3 Стиль фресок Дуньхуана

Росписи в пещерах Могао позволяют нам отчетливо разглядеть, что живописи разных эпох свойственны свои неповторимые идеи, подтекст, колорит, техники и изобразительные приемы. По ним можно проследить изменения стиля и переплетение различных художественных фактторов. Например, в период от эпохи Северная Лян до эпохи Северная Вэй в образах Будды и бодхисаттв воплощались черты, присущие стилю Западного края. Лица и фигуры персонажей рисовались с использованием западной живописной техники, с нанесением довольно толстого слоя краски. Сегодня из-за изменений цвета под воздействием кислорода

---

[1] *Дуань Вэньцзе.* Апсары среди людей (Фэйтянь цзай жэнь цзянь) // Литература и история Китая (Вэньши чжиши). 1988, № 8.

возникли специфические эффекты, такие как грубо нарисованные белые «малые лица». В массивности одежды, украшений и складок платья на портретах ярко проявляется влияние буддийского стиля области Гандхара[1].

Рубежом в эпоху Северная Вэй стал год реформ — восемнадцатый год правления под девизом Тайхэ (494). До него по-прежнему наблюдаются западные будды и бодхисаттвы, однако они постепенно меняют свои грубые платья на легкие шелковые одежды, широко распространенные на Центральной равнине. Это текучие, прозрачные, мягко облегающие тело одеяния. В период же после 494 года появляется новое течение Цзяннани[2], непринужденное и живое, — стиль «прекрасных и чистых портретов». Также в пещеры Могао проникает структура жилищ, характерная для Центральной равнины, и появляются сводчатые крыши в форме иероглифа 人 (жэнь, «человек»).

В ранний период эпохи Западная Вэй (535–556) фрески в основном писались в стиле «прекрасных и чистых портретов», а в поздний период бодхисаттвы облачились в одеяния с широкими поясами и, изначально босые, обули узорчатые туфли. Также на фресках изображались некоторые картины из реальной жизни.

В эпоху Северная Чжоу (557–581) император У-ди (560–578) поддерживал хорошие отношения с Западным краем, брал в жены

---

[1] Гандхара — древнее царство, находившееся на северо-западе современного Пакистана. Существовало приблизительно в 750 г. до н. э. – 535 г. н. э.

[2] Цзяннань — историческая область на правом берегу Янцзы, которая охватывает южные территории современных провинций Аньхой, Цзянсу и север провинции Чжэцзян. Отличается большим количеством водоемов — в частности, на территории Цзяннани расположено озеро Тайху.

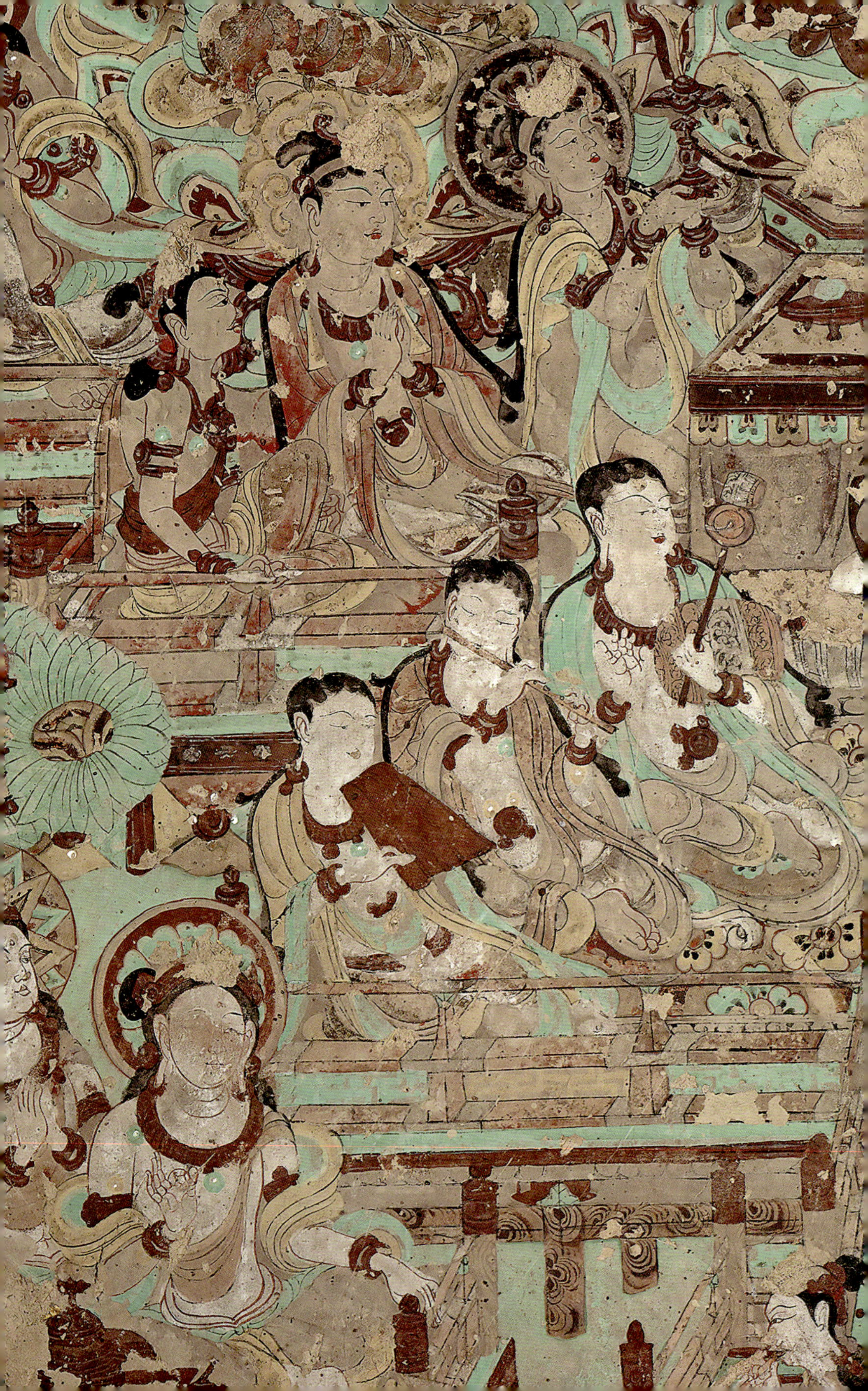

Игра на перевернутой лютне. Пещера № 112. Эпоха Тан

девушек из некитайских племен, тюркскую принцессу Ашина сделал императрицей. В это время расширились контакты между Китаем и Западом, их культура и искусство начали стремиться к объединению.

Можно выделить несколько художественных особенностей пещер в эпоху Северная Чжоу. Во-первых, сосуществовали стили Центральной равнины и Западного края. Будда в манере Центральной равнины худощав и одет в платье, изображение отличается декоративностью, письмо свободное и чистое. Будда в манере Западного края упитан и обнажен по пояс, изображение создает ощущение трехмерности, атмосфера торжественная и спокойная. Во-вторых, персонажи на картинах были одеты в светские платья. В мир буддизма пришли люди, одетые по моде, что позволяет почувствовать яркость общественной жизни того времени. В-третьих, возросло количество портретов людей, сделавших пожертвования. Это большей частью связано с тем, что правители Дуньхуана были крупными министрами и аристократами Северной Чжоу. Однако портретное сходство в этих изображениях зачастую отсутствовало — жертвователи изображались с известной долей условности. В-четвертых, изображение обнаженных апсар разбило оковы устоев конфуцианства и даосизма. Их количество заметно возросло, однако позднее такие образы быстро исчезли.

В эпоху Суй стили Центральной равнины и Западного края слились воедино, при этом основное внимание уделялось красоте, подробности и реалистичности изображения. В орнаментальных росписях появлялось все больше персидских узоров, таких как низанный жемчуг, охота, пары зверей, что свидетельствует о постепенном развитии культурных связей в те годы.

В эпоху Тан фрески Дуньхуана вступили в период расцвета. С одной стороны, живописное искусство подпитывали культурные связи между Китаем и зарубежными странами. С другой — изящество культуры Центральной равнины с центром в Чанъане повлияло на разнообразие фресок. Выполненные разными техниками и красками образы буддийских божеств, портреты людей, сделавших пожертвования, изображения животных и растений, китайские традиционные пейзажи *шаньшуй* («горы и реки»), — все это стало славной страницей в истории китайской живописи.

Сегодня, чтобы понять содержание фресок Дуньхуана, мы должны обращать внимание на связь религиозных картин с мирской жизнью, а также на связь центрального сюжета со вспомогательными эпизодами. Нужно различать стили изображений, видеть изменения, то есть принимать во внимание смену эпох, перемены на территории Дуньхуана, переплетение народностей. Чтобы постичь облик эпохи, отраженный в живописных техниках, нужно понимать особенности штриховки, нанесения краски и компоновки, а также уделять внимание влиянию художественных обменов между западными обычаями и ханьским изяществом. Кроме того, нужно понимать, что многие шедевры Дуньхуана создавались вовсе не рядовыми живописцами, а представляют наивысший уровень китайской живописи во все эпохи.

Художественная лепка Дуньхуана VII

Художественная лепка — один из видов искусства в пещерах. Скульптуры делались на основе деревянного каркаса ручной работы, который обкладывался тростником, а снаружи облеплялся глиной с соломой. Затем посредством сочетания техник лепки и живописи художник изображал кожу, выражение лица, пышность волос и свойства одежды.

Раскрашенные скульптуры были главным объектом поклонения в пещерах, поэтому обычно размещались в нишах стен, в нишах центральной колонны или на видном месте буддийского алтаря. Также они сочетаются по цвету и перекликаются с фресками вокруг них.

В дуньхуанских пещерных храмах сохранились тысячи раскрашенных скульптур различных эпох, которые являются чрезвычайно ценными произведениями искусства, таящими в себе богатый культурный подтекст.

7.1 Виды скульптур Дуньхуана

В пещерах Дуньхуана есть раскрашенные скульптуры самых разных размеров: от нескольких сантиметров до тридцати и более метров в высоту. За тысячу с лишним лет в комплексе Могао сохранилось более двух тысяч статуй эпох Шестнадцати варварских государств, Северная и Западная Вэй, Северная Чжоу, Суй, Тан, Пяти династий, Северная Сун, Западная Ся и Юань. Основные герои, которых изображают статуи, — Будда, бодхисаттвы, ученики, небесные владыки, силачи.

Самым важным среди скульптур Дуньхуана является образ Будды Шакьямуни. Скульптуры Будды — основной объект пещер, они расположены на видных отовсюду местах, подчеркиваются яркими фресками вокруг них. В их числе скульптурные изображения Будды, который распространяет свое учение, медитирует в лесу, укрощает злых духов, постигает учение под деревом Бодхи, а также лежит на боку и достигает нирваны. Первый большой Будда пещеры № 96 на девятом ярусе комплекса Могао (называющейся в народе «зал большого Будды») представляет собой цветную скульптуру, каменный каркас которой вырезан в скале. Начало изготовления скульптуры относится к ранним годам эпохи Тан, ее высота — 36 метров. Другой пример — статуя Будды, достигшего нирваны, в пещере № 158. Это одна из самых знаменитых скульптур комплекса Могао, ее высота составляет 15,8 метра. У Будды стройная фигура, спокойное и безмятежное выражение лица, он неподвижно лежит на боку, не испытывая никаких предшествующих паринирване страданий и тоски по миру.

Второй вид скульптур в Дуньхуане — различные будды, связанные с содержанием буддийских легенд, например будда Майтрейя, Будда врачевания, будда Амитабха. Статуя Майтрейи в центре

Статуя Будды, пребывающего в состоянии созерцания.
Пещера № 259. Эпоха Северная Вэй

западной стены пещеры № 275 достигает в высоту 3,34 метра. Голова этого будды украшена яшмовым убором, волосы падают до плеч, на груди у него ожерелье с подвесками, вокруг талии повязана тонкая прозрачная юбка. У будды торжественный облик, он сидит прямо, скрестив ноги, на престоле с двумя львами. Данная статуя представляет собой одно из характерных ранних скульптурных произведений в пещерах Могао. Другой пример — статуя созерцающего будды у северной стены пещеры № 259, прорубленной в период Северная Вэй. Высота скульптуры составляет 0,92 метра, лицо выгравировано аккуратно и тщательно, глаза под тонкими изогнутыми бровями только слегка открыты, губы изогнуты в легкой таинственной улыбке.

Далее следуют статуи бодхисаттв, таких как Гуаньинь, Махастхамапрапта, Манджушри. Поскольку бодхисаттвы питают милосердие ко всему живому и ратуют за спасение, их лица обычно хранят возвышенно-благородное выражение, фигуры — упитанные и округленные. Бодхисаттвы подобны добродушной, грациозной и нежной женщине. Их статуи обычно помещались по обе стороны от статуи будды, формируя единую композицию. Такова, например, группа будд трех эпох — прошлого, настоящего и будущего — в пещере № 427. Статуя Будды Шакьямуни достигает в высоту 4,25 метра, он одет в рясу пурпурного цвета, наброшенную на плечи. У него большая голова и короткие ноги, широкий лоб и полные щеки, прямой нос и пухлые губы, глаза опущены вниз. Высота статуй бодхисаттв — 3,62 метра, они одеты в разукрашенные прекрасные платья, на руках и шеях у них браслеты и ожерелья.

Довольно часто среди статуй Дуньхуана встречаются изображения учеников Будды: старшего Махакашьяпы и младшего Ананды. Они чаще всего появляются по обеим сторонам статуи Будды.

Будда изображается сидящим, Махакашьяпа — слева от него, а Ананда — справа. В разные эпохи они изображались в разном возрасте, с различными характерами и особенностями. Например, в пещере № 419 Ананда представлен в виде юноши, у него круглое лицо и квадратный лоб, тонкие брови и большие глаза. Он одет в кашаю зеленого цвета, в руках держит чашу в форме персика и почтительно стоит рядом с Буддой Шакьямуни, наивный и простой, но смышленый. Лицо Махакашьяпы, напротив, морщинистое, он улыбается, обнажая зубы, взгляд у него глубокий, как у человека, испытавшего немало жизненных трудностей. Это образ старика, странствующего и проповедующего учение, всю жизнь посвятившего религиозному подвижничеству. Он является яркой антитезой образу юного Ананды.

Еще одним видом статуй являются четыре небесных царя, охраняющих четыре стороны света. Они относятся к божествам-защитникам в буддизме — дхармапалам. Поскольку образы четырех небесных царей обладают особым символическим смыслом, скульптуры часто выглядят гиперболически. Например, их статуи в пещере № 427 в высоту достигают 3,6 метра, на головах у них яшмовые уборы, одеты они в броню и металлические юбки, на их плечи спускаются длинные головные повязки, на ногах — высокие сапоги. Их фигуры крепкие и рослые, ногами они попирают земных демонов, демонстрируя силу, которая ничего не страшится.

Духи-держатели ваджры зачастую изображаются рядом с четырьмя небесными царями. В пещере № 427 их статуи составляют в высоту 3,7 метра. Свое имя они получили потому, что в руках держат ваджры, с помощью которых они защищают буддийское учение и борются со злом. На головах у них яшмовые уборы, на плечи спадает длинная головная повязка, торс обнажен, на поясе повязан боевой кафтан поверх доспехов. Их глаза широко открыты, мускулы выступают, зубы устрашающе сжаты. Они гневно взмахивают руками, а ногами часто попирают мелких демонов. При виде этих образов зритель испытывает страх. Например, у духадержателя ваджры на внешней южной стороне лицевой ниши в пещере № 194 красная кожа, сердито сжатые губы и злобный вид. Он демонстрирует свой свирепый и своевольный характер. У воина с северной стороны белая кожа, вытаращенные глаза, рот раскрыт, словно он хочет взреветь. Он демонстрирует дух воинственности и отваги.

Среди статуй Дуньхуана есть еще немногочисленные статуи монахов. Лучше всего сохранилась статуя монаха Хунбяня в пещере Цанцзиндун. Он одет в рясу, покрывающую плечи, пребывает в состоянии сосредоточения и медитации, полон решительности и уверенности в своих силах, серьезен и сдержан. Автор показывает глубину внутреннего мира монаха посредством выражения глаз, плотно сжатых губ и тонких морщинок на лице.

7.2 Стиль скульптур Дуньхуана

Скульптуры в Дуньхуане создавались с эпохи Северная Лян до эпохи Юань. Они представляют собой огромное количество ценнейших материалов по истории китайского искусства. Китайское искусство скульптуры прошло длительный процесс заимствований и интеграций. С тех пор как буддизм проник в Китай, повсюду процветало строительство пещерных храмов и создание скульптурных изображений Будды. Популярным стало искусство скульптуры, приходящее извне, с запада. Попадая в Китай, оно непрерывно вступало во взаимный обмен с конфуцианским и даосским искусствами. Зарубежные и китайские эстетические традиции конфликтовали и объединялись, в результате чего китайская эстетика также постепенно проникла в зарубежное искусство, формируя буддийскую скульптуру в китайском стиле.

В пещерах Могао сохранилось более двух тысяч скульптур различных эпох, от Шестнадцати варварских государств до эпохи Юань, которые отражают процесс развития буддийской скульптуры в Китае, занявший почти тысячу лет. В процессе развития и эволюции скульптуры в Дуньхуане можно выделить три крупных периода: ранний, средний и поздний. В ранний период входят эпохи Северная Вэй, Западная Вэй и Северная Чжоу. Для него характерны простота, размашистость и серьезность в скульптурах. Основное внимание уделялось живости лиц персонажей, в них отражался темперамент северных народностей. Средний период охватывает эпохи Суй и Тан и является временем расцвета художественной лепки в Дуньхуане. Для него характерен переход от худощавости фигур к полноте. При создании скульптур в этот период особое внимание уделялось деталям и тонким подробностям, яркости и украшениям, изяществу и пышной красоте. К позднему периоду относятся эпохи Пяти династий, Северная Сун, Западная Ся и Юань. Скульптуры этого периода уже не дышали характерными для танского искусства здоровьем и энергией. Большинству из них недоставало живости и индивидуальности, что говорит о постепенном упадке искусства скульптуры.

Начиная с образов, одежды, уборов и украшений и заканчивая художественным стилем, скульптуры Дуньхуана находились в постоянном развитии. При этом на них влияли коренное индийское искусство области Матхура, искусство региона Гандхара, которое корнями уходит в Грецию, а также культура Центральной равнины.

В скульптурах раннего периода по ряду причин прослеживаются ярко выраженные черты западного стиля. Во-первых, буддизм пришел в Китай из Древней Индии через Западный край, поэтому стиль этих земель имел определенный авторитет для людей той эпохи. Во-вторых, в Китае тех времен скульпторы еще не сформировали зрелые приемы выразительности для создания статуй Будды — им нужно было учиться и заимствовать скульптурные техники из других стран.

До правления под девизом Тайхэ (477–499) императора Сяо Вэньди (471–499) династии Северная Вэй персонажи скульптурных композиций были округлыми и упитанными, с чуть вытянутым лицом, высокой переносицей, напрямую переходящей в линию лба, длинными бровями, выпученными глазами, широкими плечами и плоской грудью. Они либо стояли, либо сидели выпрямившись, их позы и пластика не отличались большой динамичностью. Скульптуры обладают характерной индийской внешностью. В то же время статуи Будды оказались под влиянием искусства резьбы II–IV вв. области Гандхара на севере Индии и отличались довольно сильной реалистичностью.

В этот период также были широко распространены скульптурные изображения Майтрейи. Его отличительными чертами были длинные вьющиеся волосы до плеч, узел на голове и бутыль в левой руке. Телосложение у его скульптур было крепким, выражение лица — серьезным, цвет лица — ярким. Они производили впечатление массивности, а выразительные приемы отличались простотой.

Тем временем скульпторы старались объединить западный стиль с местными техниками и стилями живописи. В этот период статуи Будды было принято одевать в рясы самгхати из красной ткани, обнажающие правую руку или покрывающие оба плеча. Одежда была украшена плотными орнаментами, что создавало ощущение

Статуя Майтрейи со скрещенными ногами. Пещера № 275. Эпоха Северная Лян

прозрачности. Этот прием ввел в живопись художник Цао Чжунда из Северной Ци. Прием назывался «одежда Цао, словно вышедшая из воды», поскольку складки на плотно прилегающей одежде, которые рисовал Цао Чжунда, создавали ощущение, будто человек только что побывал в воде. Этот стиль, попавший в Китай из Древней Индии, берет свое начало в Древнем Египте.

После правления под девизом Тайхэ на севере распространилось ханьское платье Центральной равнины, а также в Дуньхуан проник художественный стиль юга, для которого были характерны стройные и высокие фигуры. В период, когда должность начальника округа Гуачжоу занимал Дунъян-ван Юань Жун, а также в период Западная Вэй для статуй были характерны стройность, вытянутые лица с четко выраженными чертами, маленькие глаза и тонкие губы, плоское тело, длинная шея. На их примере мы можем увидеть, как сливались воедино традиции искусства скульптуры Центральной равнины и Западного края[1]. Это связано с тем, что Дуньхуан был местом соприкосновения Поднебесной с Западным краем и общения китайцев с иноземцами.

Скульптуры Дуньхуана раннего периода отразили постепенное слияние западного стиля, который ярко проявлялся в статуях, с местной китайской манерой. В условиях сложной политической и культурной обстановки периода Северных и Южных династий стиль Центральной равнины тоже проявлял разнообразные яркие черты. По художественной лепке в комплексе Могао видно, что стили Западного края, Индии и Центральной равнины не остались в Дуньхуане в первоначальном виде — они менялись и тем самым сформировали специфические особенности комплексной манеры скульптур Дуньхуана раннего периода.

Для скульптур эпохи Суй характерно наследование старых и появление новых особенностей. По сравнению с прошлым периодом художественная лепка претерпела заметные изменения. Во-первых, содержание скульптур стало более богатым, от трехфигурных композиций скульпторы Дуньхуана перешли к многофигурным. Во-вторых, скульпторы начали уделять внимание комбинациям

---

[1] Здесь в широком смысле имеются в виду китайский регион Синьцзян и Центральная Азия. — *Причем. авт.*

групп персонажей, что стало воплощением выразительной мощи и религиозного духа. Так, в пещере № 427 эпохи Суй находится более 28 скульптур. Статуи Будды отличаются атлетичностью и величием, они одеты в обычные рясы без украшений. В простоте очертаний тела виден характер древнеиндийского искусства скульптуры области Матхура. В отличие от искусства области Гандхара оно не стремится к реалистичности и обращает внимание на то, может ли статуя Будды внушить чувство священности, таинственности, величественности. Например, в пещере № 427 эпохи Суй зритель может ощутить грозную силу за счет внушительных размеров и массивности скульптур, которые в то же время внушают спокойствие и ощущение благосклонности и надежности. Благодаря этому скульптуры отличаются огромной силой религиозного воздействия.

Начиная с позднего периода Северной Вэй на Центральной равнине формируется искусство художественной лепки, для которого характерна округлость тел. После эпохи Суй этот стиль начал проникать в Дуньхуан, постепенно становясь главной тенденцией в создании статуй Будды. С наступлением эпохи Тан скульптура Дуньхуана постепенно отошла от горельефов и барельефов и развилась в статуи, которые можно было рассматривать со всех сторон. Это знаменует наступление новой эпохи. Скульпторы больше не прибегали к преувеличенной деформации и символизму в изображении духовного мира человека или божества, склоняясь к реалистичности. Величие Будды выражалось за счет масштабных раскрашенных статуй. Характерными произведениями для иллюстрации этих особенностей являются статуи лежащего Будды в пещере № 130 (большая южная статуя) и в пещере № 158.

В поздний период расцвета Тан скульптуры постепенно утратили энергичность, мощь, яркость и изящество предыдущей эпохи. При этом отделка стала более детальной. Сократилась дистанция между людьми и божествами, и они словно могли взаимодействовать. Стоит отметить, что бодхисаттвы этого времени уже не наряжаются в длинные ленты и ожерелья с подвесками, на них чаще встречаются платья и уборы, характерные для китайских женщин той эпохи.

Сохранилось мало скульптур позднего периода, в который входят эпохи Пяти династий и Северная Сун. В том, что касается образов, орнаментов на одежде, украшений и духовного наполнения, они повторяли стиль эпохи Тан. Во всех скульптурах точно соблюдены пропорции тела человека, однако немало фигур чересчур окаменелые, выражения лиц — без-жизненные, им не хватает свежести и красочности.

Скульптуры эпохи Тан у западной стены пещеры № 328

Дуньхуан — в Китае, дуньхуановедение — в мире

VIII

Дуньхуан находится на западной оконечности коридора Хэси в Ганьсу, являясь сверкающей жемчужиной в «горловине» Великого шелкового пути, а также истоком международной науки о Дуньхуане.

Исследования Дуньхуана в Китае прошли периоды начала, подъема и достигли процветания, миновав путь длиной в сто лет.

8.1 Процесс развития дуньхуановедения в Китае

Когда были обнаружены литературные памятники Дуньхуана, большая их часть была увезена в Англию, Францию, Россию и прочие страны, поэтому изначально изучением Дуньхуана занимались именно иностранные ученые. В ранний период наибольший вклад в изучение этих письменных памятников внесли ученые Китая, Японии, Европы (в основном Франции) и Америки.

Начало дуньхуановедения в Китае было положено сочинениями Ло Чжэньюя «Рукописи дуньхуанских пещер» и «Тайные записи гротов Миньшашань». В 1919 году, после «Движения 4 мая», Лю Фу, Сян Да, Ван Чунминь и Цзян Лянфу побывали в Париже и Лондоне, где сфотографировали, сделали копии и упорядочили памятники Дуньхуана. Перенеся немало испытаний, они получили важные результаты. В 1930 году известный историк Чэнь Инькэ так писал в предисловии к книге «Записи Дуньхуана, пережившие бедствие»:

«Научное знание некоей эпохи может встретиться с новыми материалами и новыми вопросами, обнаруженными в эту эпоху. Использование новых материалов для исследования этих вопросов порождает новое течение эпохи. Ученые, изучающие вопросы, люди, которые в состоянии принять участие в этом новом течении, называются участниками течения, а те, кто не может принять в нем участие, называются не достигшими уровня течения. Это историческая закономерность научного знания древности и современности, которую не понять тем, кто умеет получать знания только за закрытыми дверьми. Дуньхуановедение и есть новое течение в современных научных кругах. В течение двадцати с лишним лет после обнаружения древних текстов Дуньхуана ученые от Японии на востоке до Франции на западе внесли свой вклад в новую науку в соответствии с масштабами собственных исследований. Однако лишь немногие из ученых Китая написали статьи, которые можно назвать серьезными трудами по науке о Дуньхуане. <…> Скажем так, Дуньхуан — это, по сути, печальная страница в истории нашей науки. Лучшие произведения, найденные в Дуньхуане, либо исчезли в других странах, либо находятся в частных коллекциях»[1].

---

[1] *Чэнь Инькэ*. Предисловие к «Записи Дуньхуана, пережившие бедствие» Чэнь Юаня (Чэнь Юань «Дуньхуан цзеюй лу» сюй) // Альманах Института истории и филологии Академии Синика. 1930. Т. 1. Ч. 2.

В 1944 году был образован Институт изучения искусства Дуньхуана, директором которого стал вернувшийся из Парижа художник Чан Шухун. Он возглавил группу целеустремленных деятелей искусства и ученых в работе по поддержанию порядка в комплексе Могао, очистке пещер от песка, их изучению, копированию фресок и в прочей тяжелой, но высокоэффективной исследовательской работе. После образования КНР в 1949 рабочие и бытовые условия исследовательского института постепенно улучшились. Художественные произведения Дуньхуана впервые были выставлены в Запретном городе в Пекине и расширили свое влияние.

В 1951 году Институт изучения искусства Дуньхуана был преобразован в Институт исследования культурных древностей Дуньхуана, увеличилось количество его сотрудников, расширились области исследований. Пещеры Могао были укреплены и получили всестороннюю защиту. Кроме того, в Китае и за рубежом неоднократно проводили выставки произведений искусства из Дуньхуана, что не только укрепило культурные обмены между Китаем и иностранными государствами, но и усилило связи между Дуньхуаном и персоналом китайских научных учреждений и высших учебных заведений. Были отреставрированы скульптуры Дуньхуана, производилось копирование фресок. Благодаря новым успехам в этой работе и научным исследованиям международное влияние Дуньхуана существенно возросло.

В период «культурной революции» исследования Дуньхуана в Китае находились в состоянии застоя. После Второй мировой войны вновь оживились исследования Дуньхуана в японских научных кругах. Японское академическое сообщество стало уделять особое внимание воспитанию молодых ученых и изучению буддийских канонов, текстов юридической и экономической направленности, а также документов на различных некитайских языках. В этом японские ученые достигли успехов, признанных во всем мире, в результате чего стали говорить: «Дуньхуан в Китае, дуньхуановедение — за границей».

Дуньхуановедение в Китае вступило в новый период развития и процветания благодаря неустанным усилиям местных ученых при новой политике реформ и открытости в Китае. Особенно на развитие науки повлияло образование Китайской ассоциации изучения Дуньхуана и Турфана в Ланьчжоу в августе 1983 года. В 1984 году была образована Исследовательская академия Дуньхуана. Работа по консервации и исследованию пещер Могао вышла на новый уровень благодаря совместным усилиям директора института Дуань Вэньцзе, специалистов старшего поколения, таких как Ши Вэйсян, Ли Цицюн, Сунь Жусянь, Гуань Юхуэй, Хэ Шичжэ, а также молодых специалистов, таких как Фань Цзиньши, Ли Цзуйсюн, Ло Хуацин, Чжао Шэнлян. Высшие учебные заведения и библиотеки Пекина, Ланьчжоу, Урумчи, Ханчжоу, Чэнду и Гуанчжоу основали специализированные исследовательские структуры, изучающие дуньхуановедение, и центры данных. Также они запустили академические издания, такие как «Исследования Дуньхуана», «Периодическое издание о дуньхуановедении» и «Исследования Дуньхуана и Турфана», положили начало проектным исследованиям и обучению молодых ученых, способствовали международному сотрудничеству и добились успехов, которые привлекли внимание всего мира.

В 1988 году профессор Цзи Сяньлинь объявил на международной научной конференции по дуньхуановедению в Пекине: «Дуньхуан — в Китае, дуньхуановедение — в мире». Эта мысль снискала всеобщее одобрение ученых из Китая и из-за рубежа. В ней

Профессор Цзи Сяньлинь

отразился тот факт, что дуньхуановедение уже стало частью международных исследований и что понимать развитие Дуньхуана следует с глобальной точки зрения. Общими усилиями и благодаря своей широкой натуре китайские ученые превратили «горькую страницу истории», о которой сокрушалась вся страна, в «радостную страницу», которой можно гордиться и которая вызывает восхищение у всего мира.

В XXI веке китайские специалисты по Дуньхуану добились значительного прогресса в таких сферах, как расширение области исследований, подготовка кадров, инновации, международный обмен и сотрудничество, теоретические обсуждения дуньхуановедения, популяризация базовых знаний. Все это стало новой вехой в истории исследований Дуньхуана во всем мире.

8.2 Международный характер дуньхуановедения

Реликвии Дуньхуана хранятся в разрозненных коллекциях и охватывают очень широкое содержание, многие из них написаны на отличных от китайского языках (в том числе исчезнувших и вышедших из употребления языках). В связи с этим многие аспекты исследовательской работы требуют сотрудничества и совместных усилий ученых из разных стран. Примерами такого международного сотрудничества являются уже опубликованные каталоги «Письменные памятники Дуньхуана, хранящиеся в Великобритании», «Письменные памятники Дуньхуана и Западного края, хранящиеся во Франции», «Письменные памятники Дуньхуана, хранящиеся в России». Можно сказать, что, помимо изучения Дуньхуана, еще не было такой дисциплины, которая бы так остро нуждалась в объединении ученых из разных стран и в рамках которой осуществлялось бы настолько обширное и тесное международное сотрудничество.

В 1994 году в Великобритании была учреждена специализированная структура — Международный проект Дуньхуан (IDP). Это квинтэссенция совместной работы международных научных кругов, занимающихся исследованием Дуньхуана. IDP был создан по инициативе Национальной библиотеки Китая, Национальной библиотеки Великобритании и других учреждений, обладающих коллекциями документов. Создание Международного проекта Дуньхуан заложило платформу для сотрудничества, обмена между этими учреждениями и решения вопросов реставрации, консервации, каталогизации, а также оцифровки текстов Дуньхуана. Кроме того, в рамках проекта было проведено несколько международных конференций. Учреждения, владеющие коллекциями письменных памятников Дуньхуана, взяли на себя инициативу по совместному созданию целостной онлайн базы данных, которая связала бы материалы каталогов с высококачественными цифровыми изображениями и прочей соответствующей информацией и позволила ученым из различных стран в полной мере пользоваться материалами мировых коллекций. После нескольких лет работы, в 2002 году, база данных была запущена, что позволило исследователям искать письменные памятники Дуньхуана и результаты исследований в Интернете.

После совещаний между Китайской ассоциацией изучения Дуньхуана и Турфана и японскими исследователями Дуньхуана в 2003 году был создан Международный комитет по связям в области исследований Дуньхуана. Это орган связи и координации, который отвечает требованиям исследований Дуньхуана в новую эпоху. Сегодня в Комитет по связям входят более десяти сотрудников из восьми стран. Комитет провел ряд международных научных симпозиумов по Дуньхуану и встреч сотрудников в Нанкине (Китай), на Тайване, в Киото (Япония), Санкт-Петербурге (Россия), Принстоне (США), Алматы (Казахстан) и прочих городах. Также он ежегодно публикует свое официальное издание «Информационный бюллетень», чем вносит позитивный вклад в непрерывное укрепление солидарности, сотрудничества и взаимного обучения среди исследователей Дуньхуана во всем мире, а также в усиление коллективной силы науки.

Сегодня ученые со всего мира получают все больше возможностей для обсуждения и взаимодействия по общим темам исследований. Иностранные эксперты обращаются к китайским за информацией о техниках реставрации древних китайских рукописей, а в работе по

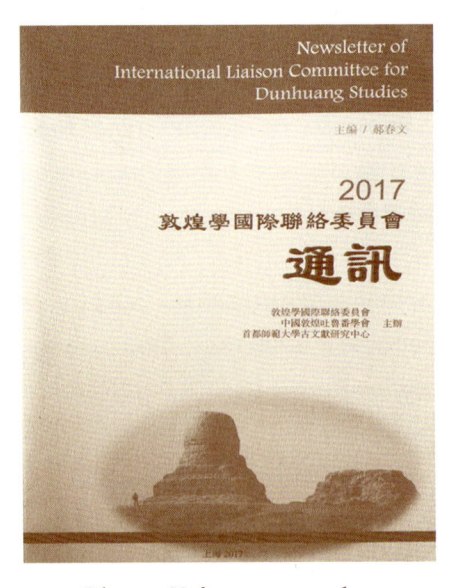

Обложка «Информационного бюллетеня»

консервации пещер важную роль сыграли специалисты из США, Франции и Японии. Общими усилиями исследователей Дуньхуана и издателей из разных стран были опубликованы фотокопии большинства рукописей. В рамках Международного проекта Дуньхуан специалисты решительно намерены продолжить исследование разбросанных по всему миру документов, а затем создать трехмерную анимированную симуляцию. Тогда любой заинтересованный сможет воспользоваться этими материалами в Интернете и изучить весь объем документов без необходимости путешествовать по другим странам, как это делали наши предшественники.

Международный характер дуньхуановедения в основном проявляется в нескольких аспектах.

Во-первых, само по себе наследие Дуньхуана носит международный характер. Пещеры Дуньхуана представляют собой квинтэссенцию буддийского искусства и отражают совместное развитие различных народностей и религиозных культур. Само по себе существование пещер является результатом культурных обменов между Китаем и Западом. Буддизм, возникший в Древней Индии, непрерывно продвигался на восток, и на пути его распространения закладывались многочисленные пещерные храмы. Так возникли и пещеры Могао. Они привлекли к себе внимание всего мира, будучи одним из священных мест для буддистов, и удержали его благодаря архитектуре, скульптурам, фрескам и рукописям, богатым по содержанию и относительно хорошо сохранившимся. Разнообразие стилей фресок и художественной лепки Дуньхуана в разные исторические периоды, культурные реликвии в пещере Цанцзиндун, попавшие туда из Центральной и Восточной Азии, — все это ярко иллюстрирует глобальный характер искусства и письменных памятников Дуньхуана. Хотя основная часть документов написана на китайском языке, среди них встречаются также материалы на санскрите, древнеуйгурском, языках Хотана, Цюцы, тюркском, согдийском, тангутском, сирийском, монгольском письме Пагба-ламы и других языках, что делает рукописи Дуньхуана чрезвычайно богатыми по историко-культурному содержанию и естественным образом привлекает пристальное внимание ученых со всего мира.

Во-вторых, международный характер носят коллекционирование письменных памятников Дуньхуана и открытие пещер Могао. С момента обнаружения рукописей Дуньхуана они по разным причинам были рассеяны по всему миру и сегодня хранятся в коллекциях десятков государственных музеев, библиотек и учебных заведений разных стран, в том числе Китая, Великобритании, Франции, России, Японии, Германии, США, Кореи, Индии, Швеции, Австралии и Дании. Некоторые материалы хранятся в частных коллекциях. Очень важно, что сегодня документы Дуньхуана, в отличие от былых времен, больше не спрятаны от людей в тайных залах. Они стали более доступными для исследователей со всего мира. Благодаря совместным усилиям коллекционеров, ученых и издателей многочисленные свитки Дуньхуана были опубликованы в виде иллюстрированных книг. С каждым годом увеличивается количество оцифрованных фотографий и баз данных, что значительно облегчает исследования.

От пассивного демонстрирования памятников Дуньхуана, дальних путешествий ради их поисков и обмена документами на определенных условиях был пройден путь до их активного упорядочения и публикации. От разграбления и рассеивания скульптур и фресок Дуньхуана по миру мы перешли к их поиску и возвращению на родину. Была усилена совместная работа по консервации и исследованиям (включая различные виды копирования), благодаря чему сформировалось высокоэффективное международное сотрудничество. Также были организованы передвижные выставки в Китае и за рубежом. Это стало возможно благодаря подготовке кадров, владеющих иностранными языками, в отделе гостеприимства Исследовательской академии Дуньхуана, образованию туристического центра и созданию цифровых изображений в высоком разрешении. Все вышеперечисленное сыграло положительную роль в обеспечении более эффективной, открытой интернациональной платформы.

В-третьих, поскольку дуньхуановедение само по себе отличается международным характером нового направления в мировой науке, ученые всех стран проявляют к нему субъективный интерес. Тем временем международный характер коллекций письменных памятников объективно способствует исследованиям и международным обменам. Во многих странах мира, особенно в тех, где есть коллекции памятников Дуньхуана, появились специальные исследовательские институты с научными сотрудниками, прошли международные конференции и были изданы многочисленные монографии, посвященные дуньхуановедению. Что касается основного направления исследований, то китайские ученые добились выдающихся успехов в изучении четырех традиционных видов книг[1], в особенности в исследованиях истории, литературы и самих пещер с их богатыми природными данными. Японские ученые уникальным образом проявили себя в изучении религиозной литературы. В изучении национальных языков и истории отличились европейские, в первую очередь французские, и американские ученые. В результате расширения международных обменов и сотрудничества постепенно укрепляется взаимодополняемость этих исследований. Помимо этого, китайские и зарубежные ученые вступили в новую фазу исследования скульптур и фресок Дуньхуана благодаря непрерывно продвигающейся вперед работе по оцифровке изображений.

---

[1] В четыре раздела традиционной китайской литературы входят каноны (цзин), исторические труды (ши), трактаты мыслителей (цзы) и сборники (цзи).

Таблица организаций, хранящих коллекции письменных памятников Дуньхуана

Наименование организации-коллекционера	Количество	Время поступления в коллекцию
Институт исследований Дуньхуана	Более 800, в том числе 166 экземпляров на тибетском языке.	После 1944 г.
Северный комплекс пещер Могао	Более 10 экземпляров на тибетском языке.	
Музей города Дуньхуан	81 рукопись на китайском языке, 244 свитка на тибетском языке, 5 796 экземпляров общей сложностью в 8 576 страниц на пальмовых листьях на санскрите.	Собирались в народе после 1949 г., до 1953 г. переданы правительством Дуньхуана музею.
Городской архив Дуньхуана	Всего 12 экземпляров: 9 страниц на тибетском языке, 3 свитка.	
Музей провинции Ганьсу	138 экземпляров на китайском языке, 34 — на тибетском.	Внесены в коллекцию после 1949 г.
Библиотека провинции Ганьсу	31 рукопись на китайском языке, 32 свитка с копиями канонов на тибетском языке, 319 экземпляров общей сложностью в 1 128 страниц на пальмовых листьях на тибетском языке. Всего 351 экземпляр.	Предоставлены в коллекцию или подарены частными лицами.
Архив провинции Ганьсу	2 экземпляра.	12 апреля 2007 г. Ян Юйчунь преподнес в дар 2 экземпляра.
Северо-Западный педагогический университет	Всего 24 или более экземпляров. Исторический факультет университета закупил 22 экземпляра из Ланьчжоу, в их числе 19 экземпляров на китайском языке и 3 — на тибетском. В 1984 году Институт исследований Дуньхуана выкупил из народа 2 копии буддийских канонов.	После 1950-х гг.
Музей Северо-Западного педагогического университета	5 экземпляров на тибетском языке.	

Библиотека Северо-Западного университета национальностей Китая	3 экземпляра на тибетском языке.	
Университет традиционной китайской медицины провинции Ганьсу	4 экземпляра, в том числе 1 на тибетском языке.	
Музей города Цзюцюань	47 экземпляров, из них 28 на китайском языке, 19 — на тибетском.	
Музей города Чжанье	1 экземпляр на китайском языке, 2 — на тибетском.	
Музей уезда Гаотай	6 экземпляров, из них 2 на тибетском языке.	
Музей уезда Юндэн	8 экземпляров.	
Музей уезда Динси	10 экземпляров.	
Музей города Увэй	2 экземпляра на тибетском языке.	В 1950-х гг. подарены Дуань Юнсинем.
Исследовательский институт искусства гротов Майцзишань	1 экземпляр на тибетском языке.	В 1955 г. подарены Фэн Гожуем.
Фань Гэнцю	20 экземпляров на тибетском языке, 3 экземпляра на китайском языке.	
Юй Чжэнцянь	1 экземпляр.	
Национальная библиотека Китая (Пекинская библиотека)	16 579 номеров, в том числе более 240 на тибетском языке.	В 1910 г. переправлены под охраной из Ганьсу в Пекин. На протяжении долгих лет преподносились в дар и выкупались. После 1949 г. перераспределены правительством.

Библиотека Пекинского университета	Каталог составлен в 1990 г. В общей сложности в нем 212 номеров. Сборник «Письменные памятники Дуньхуана, хранящиеся в Пекинском университете» (2 каталога) увеличил их число до 286 (включая документы из Турфана). В том числе есть 3 экземпляра на тибетском языке.	
Музей Гугун	92 экземпляра, в том числе 7 турфанских рукописей.	
Столичный музей	60 экземпляров.	
Китайский исторический музей	29 экземпляров.	Собраны и выкуплены в разные годы.
Буддийская ассоциация Китая	3 экземпляра.	Подарены в 1980 г. японским храмом Тосёдай-дзи.
Тяньцзиньский музей	350 экземпляров, в том числе 6 на тибетском языке.	Собраны в разные годы, а также подарены в 1979 г. Чжоу Шутао (256 свитков).
Тяньцзиньский исторический музей	25 экземпляров.	После 1952 г.
Тяньцзиньская библиотека	177 фрагментов рукописей, после склеивания составлены 6 листов каталога.	
Тяньцзиньская антикварная компания «Тяньцзинь вэньу гунсы»	30 экземпляров.	
Музей Люйшунь	9 экземпляров.	1951 г.
Музей провинции Ляонин	Более 100 экземпляров.	Собраны в разные годы.

Библиотека провинции Шаньдун	2 экземпляра.	
Музей провинции Шаньдун	65 экземпляров.	9 свитков происходят из бывшей библиотеки провинции Шаньдун, 48 свитков подарены различными людьми, 1 свиток из бывшего Университета Луци, 5 экземпляров от управляющего совета по памятникам культуры провинции Шаньдун.
Музей провинции Хубэй	31 экземпляр.	
Библиотека провинции Хунань	9 экземпляров, в том числе 7 на китайском языке, 2 — на тибетском.	С 1963 по 1965 г. библиотека провинции Хунань обменяла свою коллекцию копий древних литературных произведений на 400 с лишним редких рукописей, включая каноны Дуньхуана, из китайского книжного магазина в Пекине и шанхайского магазина древней литературы.
Нанкинская библиотека	32 экземпляра.	
Нанкинский музей	Несколько десятков экземпляров.	Большей частью закуплены в Дуньхуане в 1942 г. Это рукописи, которые оставались в запасниках бывшего Центрального музея, были собраны и куплены в разные годы Министерством культуры Востока Китая, в 1950-е гг. — отделом культуры восточного Китая, комитетом управления культурными реликвиями южной Цзянсу, комитетом управления культурными реликвиями Сучжоу и др.

Институт литературы Нанкинского педагогического университета	3 экземпляра.	
Музей провинции Чжэцзян	176 экземпляров (155 экземпляров из прежней коллекции Чжан Цзунсяна, остальные из коллекций Хуан Бинхуна и др.), в том числе 6 на тибетском языке.	
Библиотека провинции Чжэцзян	20 экземпляров.	
Администрация по памятникам культуры города Ханчжоу	4 экземпляра.	
Храм Линъиньсы	1 экземпляр.	
Библиотека провинции Сычуань	Количество неизвестно.	
Музей провинции Сычуань	36 экземпляров, найденных при раскопках в Дуньхуане и Турфане, в том числе 33 свитка, 2 брошюры «бабочкой» и 1 фрагмент.	Подарены местными жителями Чэнду, собраны и закуплены из народа при выделении средств правительством.
Институт исторических исследований Академии общественных наук Синьцзяна	Количество неизвестно.	
Храм Лунхуа в Шанхае	Более 10 экземпляров.	
Шанхайский музей	80 экземпляров, в том числе 2 на тибетском языке.	Подарены Шанхайским комитетом по охране и управлению памятниками культуры, а также собраны в различные годы.

Шанхайская библиотека	187 экземпляров, в том числе 8 на тибетском языке.	1952–1960 гг.
Библиотека провинции Гуандун	Количество неизвестно.	
Чунцинский музей	Более 20 экземпляров.	В начале 1950-х гг. выделены средства Министерством образования Юго-Запада Китая на приобретение документов. Также подарены частными лицами.
Музей Баолиня в Чунцине	13 экземпляров, в том числе 3 на китайском языке, 10 — на тибетском.	В июне 1967 г. выкуплены у жителей Чэнду.
Китайский книжный магазин	82 экземпляра.	
Ши Гуфэн	1 каталог, 79 повреждённых фрагментов.	
Ци Гун	2 каталога, 164 повреждённых фрагмента.	Собраны вместе и склеены в 1940-х гг. после поисков и покупки.
Тайбэйская центральная библиотека	144 номера (156 экземпляров), в том числе 1 экземпляр, 1 страница и 3 свитка на тибетском языке.	После 1940 г.
Тайбэйская «Академия Синика»	49 экземпляров, в том числе 36 на китайском языке, 9 — на тибетском, 1 — на древнеуйгурском, 1 — на тангутском, 2 печатных экземпляра из Пещер тысячи будд.	
Исторический музей Тайбэя	2 экземпляра.	
Музей Гугун в Тайбэе	2 экземпляра.	

Национальная парламентская библиотека Японии	46 экземпляров.	1917 г.
Мемориальная библиотека Дайтокю, Япония	14 экземпляров.	
Восточный корпус Токийского национального музея	Количество неизвестно.	Одна группа материалов представляет собой часть коллекции экспедиции Отани, которая передана музею в 1967 г. Вторая группа — картины на тафте из Дуньхуана, которые попали в музей в результате обменов. Третья группа — фрагменты свитков наподобие «Люцзы», купленные из старых коллекций, например, коллекции Ло Чжэньюя.
Национальный музей Киото, Япония	72 экземпляра.	
Токийский музей каллиграфии, Япония	153 экземпляра.	
Библиотека Университета Тэнри, Япония	17 экземпляров	После 1945 г.
Библиотека Мицуй Бунко, Япония	112 экземпляров. В основном свитки из старой коллекции Чжан Гуанцзяня, которые рассеялись по Японии.	1985 г.
Библиотека Университета Отани, Япония	38 экземпляров. 34 экземпляра были пожертвованы бывшим главой храма Восточный Хонгандзи. 3 экземпляра переданы его учеником, который впоследствии стал ректором Университета Отани, Отани Эйдзюн. 1 экземпляр поступил из старой коллекции бывшего профессора Университета Отани. Имеются поддельные экземпляры.	

Библиотека Университета Рюкоку, Япония	Около 65 экземпляров.	Одна группа материалов передана на хранение главой храма Западный Хонгандзи Отани Кодзуй, вторая группа подарена экспедицией Отани, третья группа лично преподнесена Татибаной Дзуйтё.
Институт исследований Востока Токийского университета	11 экземпляров.	
Библиотека литературного корпуса Университета Кюсю, Япония	5 экземпляров. Копии канонов и документов о строительстве пещер.	В 1949 г. приняты в дар от Мицуо Танака.
Музей Юринкан, Киото, Япония	60 экземпляров. Документы из старых коллекций Хэ Яньшэна, Ли Шэндо, Лян Сувэня.	
Музей Нэйраку, Нара, Япония	23 экземпляра.	
Храм Тосёдайдзи, Нара, Япония	42 экземпляра.	
Книжный магазин научного фонда «Такэда»	760 экземпляров.	
Восточная библиотека	Как минимум 1 экземпляр.	
Библиотека Отяномидзу	3 экземпляра.	
Библиотека Эйсэй	1 экземпляр.	
Библиотека Сэйкадо	Количество неизвестно.	

Библиотека Рюмон	Количество неизвестно.	
Университет Коти	Количество неизвестно.	
Университет Кэйо	Количество неизвестно.	
Университет Киото	Количество неизвестно.	
Университет Кокугакуин	Количество неизвестно.	
Храм Ситэннодзи, Осака	Количество неизвестно.	
Храм Рэннэндзи, Токио	Количество неизвестно.	
Храм Сайгондзи, Нагоя	Количество неизвестно.	
Книжный магазин Иноуэ, Токио	Количество неизвестно.	
Префектура Сидзуока	Количество неизвестно.	
Храм Хорюдзи	1 экземпляр.	
Храм Якусидзи	Количество неизвестно.	
Художественный музей Гото	20 экземпляров.	
Японские частные коллекции	184 экземпляра.	

Санкт-Петербургский филиал Института востоковедения РАН	19 458 номеров, 214 на тибетском языке.	
Государственный музей Эрмитаж, Россия	350 экземпляров.	
Национальный музей Индии в Нью-Дели	2 экземпляра.	
Национальная библиотека Франции	Более 8 000 номеров и экземпляров, в том числе более 3 700 на китайском языке, 3 358 — на тибетском, 14 — на санскрите, 363 — на древнеуйгурском, 211 — на тангутском, 1 — на древнееврейском.	
Французский музей Гиме (Музей азиатского и американского искусства)	Количество неизвестно.	
Британская библиотека	Примерно 20 000 номеров, 13 692 на китайском языке, 3 350 на тибетском языке.	
Королевское азиатское общество Великобритании и Ирландии	Количество неизвестно.	
Австралия	Количество неизвестно.	
Южная Корея	Количество неизвестно.	
Королевская библиотека Дании в Копенгагене	16 экземпляров.	Преподнесены в дар коммерсантом Соренсеном в 1915 г.
Шведский этнографический музей	41 экземпляр. Рукописи на древнеуйгурском письме эпохи Юань, найденные при раскопках в пещере № 464 комплекса Могао.	После 1935 г.

Баварская библиотека восточной литературы в Мюнхене, Германия	3 экземпляра. Один из экземпляров представляет собой танскую копию «Алмазной сутры» из старой коллекции Дуань Фана. Второй экземпляр является танской копией «Лотосовой сутры» из старой коллекции Чжан И с посвящением Фан Жо. Третий экземпляр представляет собой танскую копию «Маха-праджняпарамита-сутры».	
Музей Фогга Гарвардского художественного музея	2 экземпляра.	
Музей Саклера Гарвардского художественного музея	32 экземпляра.	После 1924 г.
Библиотека Конгресса США	9 экземпляров.	
Библиотека дальневосточной литературы Чикагского университета, США	3 экземпляра.	
Музей Метрополитен, Нью-Йорк, США	3 экземпляра.	
Библиотека Принстонского университета, США	3 экземпляра.	
Музей естественной истории им. Филда в Чикаго, США	1 экземпляр.	
Библиотека Колумбийского университета, США	1 экземпляр.	
Коллекция Р. Эллсворта, США	9 экземпляров.	

Данная таблица проверена и предоставлена в июне 2018 года центром данных по Дуньхуану Национальной библиотеки Китая.

图书在版编目（CIP）数据

敦煌：俄文 / 柴剑虹，刘进宝著；（俄罗斯）维拉·斯科莫罗霍娃译. -- 北京：朝华出版社，2024.3
 ISBN 978-7-5054-5281-7

Ⅰ. ①敦… Ⅱ. ①柴… ②刘… ③维… Ⅲ. ①敦煌学—通俗读物—俄文 Ⅳ. ①K870.6-49

中国国家版本馆CIP数据核字(2024)第039763号

敦煌

著　　者	柴剑虹　刘进宝
译　　者	[俄]维拉·斯科莫罗霍娃
出 版 人	汪　涛
责任编辑	张　璇
执行编辑	沈羿臻
责任印制	陆尧赢　崔　航
装帧设计	雅昌设计中心·田之友
排版制作	维诺传媒
出版发行	朝华出版社
地　　址	北京市西城区百万庄大街24号　邮政编码　100037
订购电话	（010）68996522
传　　真	（010）88415258（发行部）
联系版权	zhbq@cicg.org.cn
网　　址	http://zhcb.cicg.org.cn
印　　刷	北京雅昌艺术印刷有限公司
经　　销	全国新华书店
开　　本	710mm×1000mm　1/16　字　数　200千字
印　　张	10.5
版　　次	2024年3月第1版　2024年3月第1次印刷
书　　号	ISBN 978-7-5054-5281-7
定　　价	160.00 元

本书图片除标注外均由敦煌研究院及作者提供

版权所有　翻印必究·装印有误　负责调换

Издание: Первое издание, впервые напечатано в марте 2024 г.

ДУНЬХУАН

Авторы: Чай Цзяньхун, Лю Цзиньбао

Перевод: В. В. Скоморохова

Издательство «Чжаохуа»

Китай, 100037, Пекин, р-н Сичен, ул. Байваньчжуанлу, 24

Телефон: (8610) 68996522

Факс: (8610) 88415258 (отдел распространения)

ISBN 978-7-5054-5281-7

Напечатано в Китайской Народной Республике